Miau sagt mehr als tausend Worte AMV

Miau

sagt mehr als tausend Worte

Aus dem Kätzischen übersetzt
und herausgegeben von Paul Gallico

Bilder von Suzanne Szasz

3. Auflage

Albert Müller Verlag
Rüschlikon-Zürich · Stuttgart · Wien

Von diesem Buch erschien vor 15 Jahren bereits eine deutsche Übersetzung (Titel: «Tyrann auf sanften Pfoten», Marion von Schröder Verlag). Sie ist längst vergriffen. Für unsere Neuausgabe wurde der Text völlig neu übersetzt und der Titel dem Original, «The Silent Miaow», besser angepaßt.

Aus dem Amerikanischen übersetzt von Marta Jacober-Züllig. Titel des amerikanischen Originals: The Silent Miaow, erschienen bei Mathemata Anstalt, London. Copyright © by Paul W. Gallico and Suzanne Szasz 1964, Mathemata AG, 1964. – Deutsche Ausgabe: © Albert Müller Verlag, AG, Rüschlikon-Zürich, 1981. – Nachdruck, auch einzelner Teile, verboten. Alle Nebenrechte vom Verlag vorbehalten, insbesondere die Filmrechte, das Abdrucksrecht für Zeitungen und Zeitschriften, das Recht zur Gestaltung und Verbreitung von gekürzten Ausgaben und Lizenzausgaben, Hörspielen, Funk- und Fernsehsendungen sowie das Recht zur foto- und klangmechanischen Wiedergabe durch jedes bekannte, aber auch durch heute noch unbekannte Verfahren. – ISBN 3-275-00763-7. – 15/18-88. – Printed in Germany.

Inhaltsverzeichnis

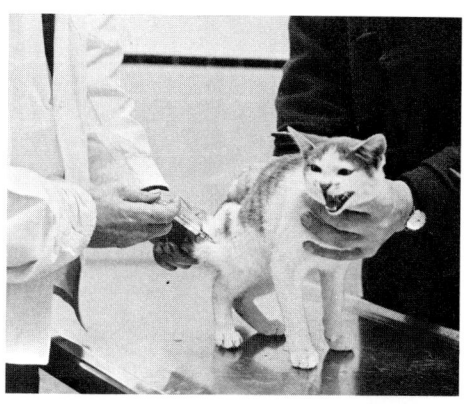

Das Manuskript dieses Handbuches erreichte mich unter äußerst ungewöhnlichen Umständen. Ich bekam es von einem Nachbarn, dem Leiter eines großen Verlages. Eines Tages – er saß eben am Frühstückstisch –, läutete seine Hausglocke, und er ging die Tür öffnen im Glauben, die Morgenzeitungen seien gekommen. Zu seiner Überraschung stand niemand an der Tür, und statt der erwarteten Zeitungen lag ein dickes Manuskript auf der Türmatte.

Für ihn als Verleger war es natürlich nichts Neues, Manuskripte über die seltsamsten Wege zu erhalten, aber er war doch etwas erstaunt darüber, daß die Straße ganz leer war und keine Gestalt sich entfernte, hatte er doch die Tür binnen weniger Sekunden geöffnet. Noch bestürzter war er jedoch, als er das Manuskript rasch anschaute und feststellen mußte, daß es entweder das Werk eines Irren oder eines Spaßvogels war – oder ganz in einem unbekannten Geheimcode geschrieben.

Er konnte nicht daraus klug werden. Aber da er wußte, daß ich mich für Geheimschriften interessierte und im Krieg einige Erfahrung im Dechiffrieren gesammelt hatte, übergab er mir das Manuskript für den Fall, daß ich mich damit vergnügen wolle, es zu enträtseln.

Hier eine Kopie der ersten Seite:

MOSU
AEGT KRHT YLS
6AIDENF E9RT3
BIN

Uch verkir neune N9tter, aks ivh moch rin d4hr jkeubes Kötzven war: mor sevhs 3phvem dtimd ich akkeun suf onr Qr16. Sllzi imglüxhlocg wyr icg yver mocht, drmm och 3yr inzekkihenr, syjk git a7s, wuddre ?ir zu krlfwn 9nd 2ae colle5 S3kvstcdrtryuen.

Ich sah auf den ersten Blick, daß es sich um kein bekanntes Chiffrier-System handeln konnte. Kryptologen haben es immer schwierig gehabt, wenn eine Verbindung von Zahlen und Buchstaben vorliegt. Aber hier hatten wir offensichtlich eine Art von Buchtitel, dann vielleicht einen Untertitel, dann den beklagenswerten Verlust des Verfassernamens, der unleserlich verwischt war, und dann den Anfang einer Geschichte. Neugierig machte ich mich an die Entzifferung, doch fruchteten die üblichen Methoden nichts. Ich mußte das Werk, da ich dringende andere Arbeit hatte, beiseitelegen.
Als ich es jedoch ein paar Monate später wieder in Angriff nahm, geschah etwas sehr Merkwürdiges. Mir schien, ich könne den ersten Satz lesen, oder es erscheine

in meinem Kopf doch eine Art Rhythmus von Wörtern: «Ich verlor meine Mutter, als ich noch ein sehr junges Kötzven war: mit sechs Wochen stand ich allein auf der Welt.» War die Sache wirklich so einfach? Und was in aller Welt war ein Kötzven?

Ich setzte mich an die Schreibmaschine, um den vermuteten Satz aufzuschreiben. Ein Blick auf die Tastatur, und heureka! Die Lösung lag in meiner Hand, und ich ging ans Übersetzen, erst langsam, dann mit zunehmender Übung schneller, und fand:

MIAU

SAGT MEHR ALS TAUSEND WORTE

VON

Ich verlor meine Mutter, als ich noch ein sehr kleines Kätzchen war: mit sechs Wochen stand ich allein in der Welt. Allzu unglücklich war ich aber nicht, denn ich war intelligent, sah gut aus, wußte mir zu helfen und war voller Selbstvertrauen.

Warum aber ein so seltsamer Code, der, wie ein Blick auf die Schreibmaschine überzeugt, darauf beruhte, daß er für manche Buchstaben andere einsetzte, die auf der Tastatur benachbart waren? Und plötzlich war mir klar: es war gar kein Geheimcode und hatte nie einer sein wollen. Wer nicht mit Schreibmaschinen vertraut ist, neigt dazu, seine Fehler in einer Art von Muster zu wiederholen. Hier handelte es sich allerdings um eine andere Art von Irrtümern. Ein solches Gestammel läßt sich erwarten, wenn die Schreibmaschinentaste nicht von einem Finger angeschlagen wird, sondern von einer fünfzehigen Pfote, die zum Beispiel «a» tippen wollte und dabei gleichzeitig «q», «w» und «s» berührte, so daß statt des gewünschten Vokals irgendeiner dieser Buchstaben auf dem Papier erscheinen konnte.

Als ich mich weiter in das Werk vertiefte, wurde deutlich, daß das Manuskript nicht von einem Menschen geschrieben worden war, sondern anscheinend von einer hochintelligenten Katze, in deren Haushalt eine Schreibmaschine zur Verfügung stand, höchstwahrscheinlich sogar eine dieser modernen elektrischen Maschinen, die so empfindlich sind, daß man die Tasten sozusagen mit einem Blick betätigen kann.

Weiteres Studium des Dokumentes enthüllte, daß der Verfasser sich als «Sie» bezeichnet. Natürlich hätte sich die Autorin auch so als Frau verraten, nämlich durch die pure Bosheit, die aus vielen Stellen dieses aufschlußreichen Lehrbuchs spricht.

Ich liebe Katzen und hatte schon mehrere, die sich meiner Schreibmaschine zu bedienen versuchten oder jedenfalls damit spielten im Bestreben, meine Arbeit genau in der im Werk beschriebenen Manier zu unterbrechen oder auch nur, sich zu amüsieren, aber bei diesem Tun ergab sich nie ein zusammenhängender Text. Das hatte ich mir zwar oft gewünscht und ich ließ manchmal, wenn ich schlafen ging, eine Romanseite oder eine halbfertige Novelle in der Maschine; in meiner

Phantasie stellte ich mir vor, daß eine der Katzen den Text nachts vollenden würde.

Aber ich hatte nie das Glück, von einer literarischen Katze annektiert zu werden. Je weiter die Übersetzung fortschritt – und bald ermöglichte Übung mir, den Text fast so fließend zu lesen, wie wenn er korrekt getippt worden wäre – desto deutlicher wurde es, daß hier ein höchst bedeutender literarischer Fund vorlag. Denn obwohl der Name der Autorin für immer verloren ist, wird ihr Charakter aus dem Text so klar ersichtlich, als säße sie vor einem, beobachtete einen und überlegte, was sie noch von einem erreichen könnte. Sie ist zwar nicht gerade musterhaft, aber sie ist stark und frei, und wenn sie die Menschen nicht eben als Helden beurteilt, so ist das vermutlich unser eigener Fehler. Vergeblich fragte ich in der Nachbarschaft herum, um die Autorin des Handbuchs zu ermitteln. Mein Freund, der Verleger, der es gebracht hatte, besaß mehrere Schreibmaschinen, hatte jedoch keine Katze und mochte diese Tiere nicht einmal besonders. In andern nahegelegenen Wohnungen gab es Leute mit Katzen, doch ohne Schreibmaschine. Immerhin, als ich meine Kreise weiter zog, lernte ich ein Ehepaar Shorr kennen, das vielleicht in Frage kam. Vor einigen Jahren waren sie restlos erobert worden von einer Kätzin, die sie Cica getauft hatten (ausgesprochen Tsi-tsa, was auf ungarisch Kätzchen bedeutet; Frau Shorr stammte aus Ungarn). Die Umstände der Eroberung glichen einigermaßen denen, die die Autorin für ihren eigenen Fall schildert. Und sie besaßen eine elektrische Schreibmaschine.

Andererseits waren sie zwar von der Anmut und dem Charme ihrer Hausgenossin bezaubert, hatten jedoch nie Anzeichen einer so hohen Intelligenz bei ihr bemerkt, daß das Verfassen einer solchen Schrift und die Aneignung des dazu nötigen Wortschatzes denkbar schien. Letzteres liegt zwar nicht ganz außerhalb des Bereichs der Möglichkeiten, denn jeder Halter von Katzen weiß, daß sie ohne weiteres zwanzig bis fünfundzwanzig Wörter lernen und deren Bedeutung erkennen können.

Was das Schreiben selbst angeht: das ist machbar, ist es doch einfach, auf eine Schreibmaschinentaste zu schlagen. Ein Schimpanse zum Beispiel lernt viele mechanische Tätigkeiten des Menschen nachahmen, und nach meiner Meinung haben Katzen einen weit höher entwickelten Intellekt als Affen. Statistiker haben errechnet, daß ein Schimpanse, der lange genug auf einer Schreibmaschine herumhackt (das kann Millionen Jahre bedeuten, oder auch nur einen Tag), schließlich den Text von «Wie es euch gefällt» von Shakespeare produziert. Und was Affen können, können Katzen besser, mit dem richtigen Rüstzeug.

Ich lernte die Katze der Shorrs kennen und fand sie sehr liebenswürdig, weder herrschsüchtiger noch arroganter als andere Katzen, aber auch ohne sichtbare Anzeichen literarischer Genialität. Das heißt aber wiederum nicht, daß sie nicht unsere Autorin sein kann, denn ein Geschöpf, das klug genug ist, eine solche Sammlung von Regeln aufzustellen und niederzulegen, wäre, wie aus dem Buch hervorgeht, auch schlau genug, um sich zu verstellen. Alle Katzen lieben Geheimnisse und sind bemüht, dich nicht erraten zu lassen, was sie denken.

Ich fragte die Shorrs, ob sie je in der unteren Etage während der Nacht tippen gehört hätten. Sie antworteten, ein- oder zweimal seien sie an einem solchen Geräusch erwacht, doch hätten sie es Mäusen oder der Wasserleitung zugeschrieben und sich keine weiteren Gedanken gemacht. So gibt es denn keine eigentlichen Beweise, die auf ihre Katze Cica hindeuten.

Glücklicherweise stellte es sich aber heraus, daß Mrs. Shorr eine bekannte Kinder-Fotografin war, die unter dem Namen Suzanne Szasz Bildgeschichten in Life und anderen Zeitschriften veröffentlicht hatte. Zu ihrem eigenen Vergnügen hatten sie und ihr Mann, der ebenfalls Fotograf ist, von ihrer Katze vom Tag ihrer Ankunft an ein Bild-Tagebuch geführt und waren bereit, uns aus ihren Archiven die Bilder aussuchen zu lassen, die sich zur Illustration des Handbuchs eigneten.

Die Einheit, die Text und Fotografien bilden, ist vielleicht doch der stärkste Hinweis darauf, daß diese unschuldig dreinblickende, gewöhnliche kleine Hauskatze die Verfasserin unseres Dokumentes sein könnte.

Aber das bleibt Spekulation. Ganz und gar nicht spekulativ ist hingegen die Tatsache, daß das Buch, das Sie in Händen halten, ein konkretes Beispiel der Art und Weise liefert, wie wenigstens eines dieser wundervollen Geschöpfe sich Herausgeber und Verlag zulegte und damit die totale Übernahme der menschlichen durch die kätzische Rasse einen Schritt weitergebracht hat.

Paul Gallico

Kapitel 1

Wie ich mein Heim eroberte

Ich verlor meine Mutter, als ich noch ein sehr kleines Kätzchen war: mit sechs Wochen stand ich allein in der Welt. Allzu unglücklich war ich aber nicht, denn ich war intelligent, sah gut aus, wußte mir zu helfen und war voller Selbstvertrauen. Auch hatte mir meine Mutter, ehe sie eines Nachts mit einem Auto zusammenprallte, schon eine Menge Instruktionen erteilt.

Eine Woche ungefähr lebte ich allein in der freien Natur und aß scheußliche Raupen und Insekten. Dann beschloß ich, mir eine Familie zu erobern und eine Hauskatze zu werden, und setzte diesen Entschluß in die Tat um.

Oft habe ich mit Freunden darüber gesprochen, worauf mein Erfolg beruhte, und da ich nicht eitel bin, durfte ich ungeniert darauf hinweisen, mit welcher Klugheit ich jeden Schachzug ausgeführt hatte und wie außerordentlich geschickt ich vorgegangen war.

Meine Geschichte machte ihnen so großen Eindruck, daß sie mich baten, ich möge sie aufschreiben und außerdem meine Erfahrungen und Ansichten über unser Verhältnis zu den Menschen in eine Lehre fassen, die es jungen Kätzchen ermöglichen sollte, auch so erfolgreich Karriere zu machen.

Das habe ich nun getan. Zuerst will ich aber kurz schildern, wie ich meine Familie eroberte. Ich nenne sie nicht beim Namen, denn ich will sie nicht in Verlegenheit bringen.

Ich weinte herzzerbrechend　　　　　　　　　　　　*Eine Chance für mich?*

*So bin ich
unwiderstehlich*

Mir kommt kein besserer Ausdruck als «sanfte Totaleroberung» in den Sinn, wenn ich beschreiben soll, wie wir die Menschen überlisten. Über Nacht wird dann für sie alles anders; über ihr Heim, und später auch ihre Gebräuche und Gewohnheiten, bestimmen nicht mehr sie. Von Stund an bestimmen wir.
Hab bloß keine Angst vor einem solchen Unternehmen. Nur Gelegenheiten, Methoden und Leute sind verschieden. Der Eroberungsinstinkt wohnt in uns allen und hat es uns ermöglicht, in einer ständig wechselnden Welt unverändert und souverän Tausende von Jahren zu überleben. Wir haben es stets verstanden, uns durchzusetzen, und wir können Grenzenloses erreichen. Denkt nur an unsere Geschichte. In Ägypten schwangen wir uns vor fünftausend Jahren zu Göttern auf. Hunde konnte man durchs ganze Dorf prügeln, aber wer immer eine von uns beleidigte oder gar verletzte, dem wurde der Kopf abgehauen!

Na ja, ich kam also aus dem Wald, hungrig und vom Naturleben enttäuscht, und sah am Rand ein kleines, freundlich aussehendes weißes Haus mit grünbemalten Fensterläden, mit einer Scheune, Blumen- und Gemüsegarten, Reblaube, Fischteich etc. Haus und Umgebung waren sauber und wohlgepflegt und gehörten offensichtlich wohlhabenden Leuten. Dies wurde mir durch einen teuren Wagen in der Garage bestätigt. Du kennst ja unser Sprichwort: «Mit Gefühlen öffnet man keine Hummerbüchse». Wer eine arme Familie erobern will, bitte schön, soll er – mein Ehrgeiz ist das nicht.
Ich ging zur Hintertür des Hauses und rekognoszierte. Innen frühstückten ein Mann und seine Frau. Ich sah keinerlei Anzeichen von Kindern, auch nicht von Dienstboten, und das war gut. Kinder sind später einmal schon recht, man kann mit ihnen fast immer auskommen, aber wenn möglich sollte man eine Familie erobern, bevor sie eintreffen. Und Dienstboten können sehr schwierig sein.
Das Paar sah genau aus, wie ich mir die ideale Familie vorstellte. So sprang ich also an der Gittertür hoch, hing dort und weinte jämmerlich.
Sie schauten von ihrem Frühstück auf. Ich wußte genau, wie ich mich hinter dem Gittergeflecht für sie ausnahm: unwiderstehlich! Ich tat, als verlöre ich den Halt, ließ mich fallen und kletterte wieder hoch und hörte nicht auf zu weinen. Die Frau sagte: «Ach schau doch! Das arme kleine Ding, es möchte hereinkommen. Vielleicht ist es hungrig. Ich geb ihm ein wenig Milch.»
Genau das hatte ich erwartet. Schon hatte ich sie! Ich brauchte bloß noch eine Pfote in die Tür zu kriegen, und –
Aber so einfach war es denn doch nicht. Der Mann!
Er hob ein Gebrüll an, stieß scharrend seinen Stuhl zurück, hämmerte mit den Fäusten auf den Tisch und schrie, er hasse Katzen und wolle keine im Haus. Dann brachte er all die uralten Klischees hervor, wir seien eine Plage, mischten uns

Die erste milde Gabe

überall hinein, zerkratzten die Möbel und röchen schlecht. Er krähte: «Nix! Kommt nicht in Frage! Wenn du sie unbedingt füttern mußt, gib ihr ein wenig Milch in der Scheune und jag sie nachher fort. Aber sie kommt mir hier nicht herein.»

«Oho», sagte ich mir, «du mußt mit Vorsicht behandelt werden, mein Freund, und ich bin genau die Richtige dafür.» Ob ihr es glaubt oder nicht, sein Widerstand machte mir beinahe Vergnügen. Es würde ein Spaß sein, ihn zu brechen. Wenn es eine lustige Aufgabe gibt, dann die, einen Mann zu bekehren, der sich für einen richtigen Katzenfeind hält. Und während mir diese Gedanken durch den Kopf gingen, ließ ich mich immer wieder vom Gitter fallen, kletterte wieder hoch und weinte dazu herzzerbrechend.

Die Frau öffnete die Gittertür, hob mich hoch und sagte: «Mach doch kein solches Theater, Liebling. Ich geb ihr schnell ein wenig Milch. Dann setzen wir sie wieder ins Freie.»

Habt ihr verstanden? Je mehr die Männer toben, schimpfen, schreien und brüllen, desto weniger werden sie beachtet. Denn, obwohl er immer noch lauthals protestierte, wo war ich? Im Haus, und lappte Milch aus einer Untertasse.

Einmal drinnen, wußte ich genau, was ich zu tun hatte, denn meine Mutter mußte selbst einen schwierigen Menschen behandeln und hatte mir viel beigebracht über Männer und darüber, wie ich mit ihnen umgehen sollte. Ich ignorierte ihn einfach und hielt mich an die Frau, die mich mit allen möglichen weichen, flötenden Tönen bedachte und mich «Liebes», «Süßes», «Braves» und «Schätzchen» nannte. Und natürlich – je mehr Theater sie mit mir machte, desto zorniger wurde der Mann, bis er schließlich schrie: «Das reicht nun wohl! Los, jag es weg!»
Die Frau sagte zum Mann: «Aber natürlich, Schatz, wie du willst», hob mich auf

Ich saß bloß da und schaute elend drein

und setzte mich draußen nieder mit den Worten: «So, Pussy, marsch!» Aber natürlich wußte ich, daß sie es nicht ernst meinte, und sprang sofort wieder am Gittergeflecht hoch und weinte, ich möchte wieder hinein, und der Mann rief: «Siehst du jetzt! Siehst du, was du getan hast? Bring sie zum Wald hinüber.» Das tat sie, aber sobald sie sich umgedreht hatte, folgte ich ihr zurück zum Haus. Das wiederholten wir noch zweimal, und der Mann kam im Hut aus dem Haus, saß dann in seinem Auto und sah zu. Beim vierten Mal setzte ich mich einfach am Waldrand nieder und schaute elend drein. Der Mann gab seiner Frau einen Abschiedskuß, und das letzte, was er tat, ehe er abfuhr, war, sich umzudrehen und zu sehen, wie ich da saß, ganz allein und verloren. Ich war zufrieden, denn ich war sicher, ihm seinen Tag verdorben zu haben; er würde an nichts anderes denken können als an mich.

Natürlich kam die Frau aus dem Haus, sobald das Auto jenseits der Straßenkurve verschwunden war, hob mich auf und trug mich hinein; das hatte ich ja im voraus gewußt. Ich hatte sie da, wo ich sie haben wollte. Wir hatten einen wundervollen Tag zusammen.

Gegen Abend nahm sie mich in ihre Arme, küßte mich und sagte: «Jetzt, Pussy, wirst du wohl gehen müssen. Gleich kommt er heim.» Sie setzte mich ins Freie, und bald erschienen die Autoscheinwerfer um die Ecke, und der Mann kam heim. Ich blieb draußen, bis es ganz dunkel war, und versetzte mich dann in die richtige Stimmung, um mir furchtbar leid zu tun: ich war einsam und schon wieder hungrig, und so saß ich dann außen an der Gittertür und weinte und weinte aus Leibeskräften.

Im Eßzimmer brannte das Licht. Durchs Fenster sah ich, wie sie aßen. Ich ging unter das Fenster und weinte lauter.

Plötzlich schmiß der Mann Messer und Gabel hin und schrie: «Ich kann dieses Geschrei nicht ertragen!»

Die Frau fragte: «Was für ein Geschrei?»

Der Mann bellte: «Diese verdammte Katze! Ich hab's dir schon am Morgen gesagt, daß es so herauskommen würde!»

Verdammte Katze! Jawohl, so nannte er mich. Nun, er würde noch vor mir im Staub kriechen.

Ich legte meine ganze Seele in meine Miaus. Sie hätten ein Herz aus Stein zum Schmelzen gebracht.

Die Frau sagte: «Ach, das arme kleine Ding. Es hat sicher wieder Hunger.»

Der Mann schrie: «Zum Kuckuck, warum holst du es dann nicht herein und fütterst es?»

Die Frau erwiderte: «Weil du doch sagtest ...»

Den Mann zu zähmen, wird ein Stück Arbeit sein

Darauf der Mann: «Egal, was ich sagte. Du kannst es nachher wieder hinaustun. Aber bei diesem Geplärr hört man sich ja nicht einmal mehr essen.»
Also kam die Frau heraus und holte mich, und ich bekam noch einmal gut zu essen, und nachher brachte sie mich nicht hinaus, sondern nahm mich auf ihren Schoß und spielte mit mir und streichelte mich, und ich fing sofort an zu schnurren und ihr schönzutun. Der Mann las seine Zeitung, und hin und wieder legte er sie nieder und schoß schwarze Blicke zu uns hinüber.
Nach einer Weile setzte mich die Frau auf ihren Stuhl und ging aus dem Zimmer und kam nicht zurück. Ich gab vor zu schlafen, aber statt dessen beobachtete ich den Mann, der immer wieder zu mir hinüberschaute. Ich wußte, was in ihm vorging, sogar ganz genau. Er war eifersüchtig. Er hätte mich gern auf *seinem* Schoß gehabt, aber er konnte sich das nicht zugeben.
Plötzlich rief die Frau aus dem oberen Stockwerk: «Du, Schatz, ich bin schon ausgezogen. Tust du die Katze hinaus?»

Der Mann schnaubte, warf seine Zeitung beiseite und rief: «Ich? Das kannst du selber tun, du hast sie auch hereingeholt!»

«Schatz, ich hab's dir doch gesagt, ich bin schon im Nachthemd. Bring die Katze doch an den Waldrand!»

Der Mann knurrte: «Verdammt nochmal! Also gut!», hob mich auf, nahm eine Taschenlampe und trug mich hinaus. Er hielt mich äußerst ungeschickt, und als ich den Kopf unter sein Kinn schmiegte, murrte er: «Laß das, Pussy», und da wußte ich, ich hätte ihn auf der Stelle weichkriegen können, wenn ich mich nur ein bißchen an seinem Bart gerieben und dazu geschnurrt hätte. Ich wußte jetzt, daß ich ihn erobern konnte, wann immer ich wollte. Aber mir eilte das nicht. Ich beschloß, ihn so weich zu bekommen, daß er mein völlig ergebener Sklave würde. Je mehr Schuldgefühle ich bei ihm erzeugen konnte, desto besser. Und als er sich anschickte, mich im Wald abzusetzen, schlug ich einfach meine Krallen in sein Hemd und weinte los.

Er machte mich los und setzte mich nieder. Ich schrie unentwegt weiter, als er wegging. Natürlich – ich wußte, daß er das tun würde – drehte er sich um und knipste seine Taschenlampe an, um zu sehen, ob ich ihm nachlaufe, und natürlich folgte ich ihm. Er hob mich wieder auf, sagte rauh: «Verdammt nochmal, Pussy, bleib hier!» Ich klammerte mich wieder an sein Hemd. Wir wiederholten das einige Male. Schließlich schmiegte ich den Kopf wieder unter sein Kinn, und er sagte: «Nun, meinetwegen . . .», und ich hob an zu schnurren. Er warnte: «Mach dir bloß keine falschen Hoffnungen, Pussy!» und marschierte los mit mir, aber diesmal trug er mich zur Scheune und kramte dort herum, bis er ein altes Kistchen fand, und in das verstaute er mich. «So», sagte er, «du kannst da bleiben, aber mach ums Himmels willen keinen Lärm.» Dann ging er wieder, aber er konnte nicht anders, er mußte sich umdrehen und die Taschenlampe anknipsen, um zu sehen, ob ich ihm wieder nachliefe. Diesmal nicht. Ich saß einfach da und sah ihn an, aus der Kiste schaute nur mein Kopf, und er stand da und sah mich an. Und da gab ich ihm das stumme Miau.

Weiter hinten im Buch, im Kapitel über die Sprache, spreche ich vom stummen Miau, wie man es macht und wann es am wirksamsten ist, und du wirst sehen, wie schlau ich es diesmal eingesetzt hatte, besonders nachdem ich soviel geschrien und geweint hatte.

Die Wirkung war genau wie erwartet. Der Mann geriet aus den Fugen. Er stand da, schaute absolut hilflos drein und sagte: «Lieber Himmel, Pussy, was willst du denn jetzt schon wieder?»

Ich antwortete wieder mit einem stummen Miau.

Er kam zurück in die Scheune, ganz ratlos, nahm mich aus der Kiste und sagte «Was soll das, zum Kuckuck, Pussy?» Ich wühlte meinen Kopf in seinen Hals und

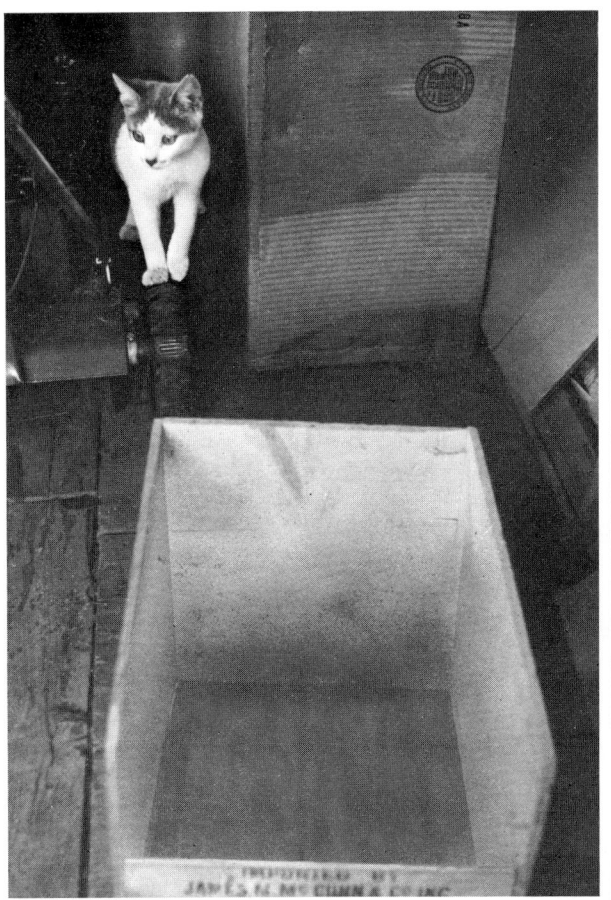

Ich kletterte in das Kistchen zurück

Jetzt mußte ich mit seiner Erziehung anfangen

Das war es, was ich gemeint hatte

schnurrte wie besessen. Er sagte: «Oh nein. Ins Haus kommst du nicht.» Und dann: «Die Kiste ist dir wohl nicht gut genug? Wollen mal sehen ...» Er setzte mich ab und fing wieder an zu suchen, bis er ein Stück alte Wolldecke fand. Er schüttelte es aus und formte es zu einem kleinen Nest für mich. «So», sagte er, «wie gefällt dir jetzt das, Pussy?»

Ich beschloß, jetzt müsse ich mit seiner Erziehung anfangen. Ich kletterte wieder in die Kiste. Er verlor die Geduld und brüllte: «Himmelherrgott! dann bleib halt in der Kiste!» und fing wieder an, wegzugehen. Aber ich wußte, er würde nicht anders können, als sich wieder nach mir umzusehen, und als er es tat, war ich bereit. Diesmal versetzte ich ihm ein lautes Miau.

«Lieber Himmel, Pussy! Ich kann doch nicht die ganze Nacht hierbleiben. *Was* willst du denn?»

Ich miaute nochmals. Er kam zurück, hob mich hinaus, nahm die Wolldecke, legte sie in die Kiste und setzte mich wieder hinein. *Das* hatte ich gewollt, und ich

Er geriet aus den Fugen ...	*... und* *begann allerhand idiotisches Zeug zu murmeln*

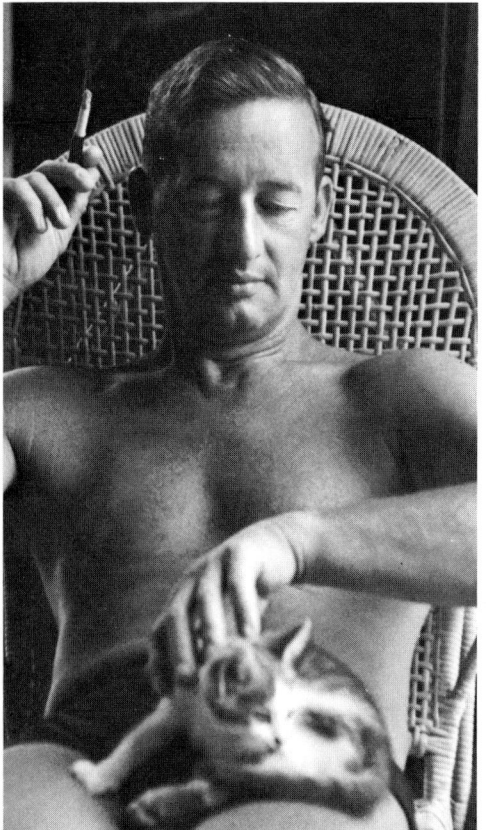 

Also stieg ich natürlich aufs Bett

gab es ihm zu verstehen, indem ich sofort in der Kiste Kreise drehte, mein Bett machte und mich darin aufrollte, schnurrend. Er schaute einen Moment lang auf mich herunter und sagte: «Okay, Pussy, ich hab's kapiert», und ging ins Haus zurück.

Seine Frau hatte wohl an der Tür auf ihn gewartet, denn ich hörte sie sagen: «Schatz, was hast du denn so lang gemacht?» und seine Antwort: «Ich glaube, es wird regnen. Ich hab' die Katze in die Scheune getan, dort kann sie bleiben.» Ha! ha! ha! Ich dort bleiben. Der hatte Humor! Ich kicherte mich in den Schlaf. Nun konnte es natürlich gar nicht mehr lange dauern; ich dachte, am Abend drauf würde ich ihn wohl in Besitz nehmen können.

Es war ein heißer, schwüler Sommerabend. Ich saß auf dem Schoß der Frau und hinderte sie am Nähen (hierüber später ein Kapitel); der Mann las wie gewöhnlich seine Zeitung. Ich sprang von ihrem Schoß herunter, streckte mich wohlig und ausführlich, ging zu ihm hinüber, setzte mich und schaute zu ihm auf. Zuerst tat er, als bemerke er mich nicht, aber schließlich legte er seine Zeitung weg und fragte: «Was willst du denn, Pussy?»

Ich ließ ihm die volle Behandlung angedeihen – die große Begrüßungsszene samt An-den-Beinen-Reiben. Wie erwartet wurde er butterweich. Er säuselte: «Ja, du kleines Hübsches, willst du denn auf *meinen* Schoß?» Und er hob mich auf und

Am Morgen weckte ich ihn

legte mich auf seinen Schoß und streichelte mich und kraulte mich am Kinn. Und ich ließ mein Schnurren los und all meinen Charme und wandte sämtliche Tricks an, rollte mich in seinem Schoß zusammen und lehnte mich an ihn und leckte ein paarmal seine Hand, ich strich den Honig so dick auf, daß er förmlich triefte. Natürlich schmolz er beinahe hin. Er fing an, idiotisches Zeug zu murmeln, zum Beispiel: «Was will sie denn, die kleine Pussy?» und sagte das immer wieder. Er schoß triumphierende Blicke zu seiner Frau hinüber, die schweigend weiternähte. Dann blitzte es plötzlich, Donner krachte und Regen rauschte hernieder. Sie gingen durchs ganze Haus, Fenster schließend, und der Mann trug mich mit sich herum und sagte: «Nur keine Angst, kleine Pussy, das ist nur ein kleines Gewitterchen, nichts Gefährliches.»

Ein wenig später hatten Blitz und Donner aufgehört, aber es regnete immer noch. Die Frau sagte: «Jetzt können wir wohl schlafen gehen. Tust du die Katze hinaus?» Er schaute sie an, als ob sie von allen guten Geistern verlassen wäre, und brüllte: «Was, hinaustun in einer solchen Nacht? Bist du verrückt?»

«Wieso? Sie ist in der Scheune gut aufgehoben. Sagtest du nicht, du wolltest keine Katze im Haus ...»

Der Mann war wütend. «Jawohl, ich will keine Katze im Haus», schrie er, «aber das heißt nicht, daß sie bei einem Wolkenbruch hinaus muß. Sie zittert ja wie Espenlaub! Hast du kein Herz?»

Oh, ja, ich zitterte. Von der Anstrengung, die es mich kostete, nicht laut herauszulachen.

Seine Frau zuckte die Achseln. «Wie du willst. Ich hab' ja nur wiederholt, was du sagtest, als . . .»

«Selbstverständlich wie ich will! Wir können ihr in der Küche ein Kissen auf den Boden legen.»

Sie gingen hinauf, ich hörte, wie sie sich dort herumbewegten. Nach einer Weile ging das Licht aus, und die Frau sagte: «Du hast die Schlafzimmertür offengelassen.»

Der Mann meinte: «Wenn ein neues Gewitter kommt oder sonst etwas und Pussy hätte Angst, würden wir sie ja sonst nicht hören, oder?»

Selbstverständlich ging ich mitten in der Nacht hinauf ins Schlafzimmer, sprang aufs Bett und schlief auf der Wolldecke über seinen Füßen, da war es wunderschön warm.

Am Morgen weckte ich ihn, indem ich über sein Gesicht lief und ihm eine Pfote in den Mund steckte. Er setzte sich auf, packte mich und sagte: «Du kleiner Racker, du! Wer hat dich hierher eingeladen? Komm, laß dich anschauen.» Und er fing an, mit mir zu spielen. Ich schmiegte den Kopf unter sein Kinn und schnurrte.

Seine Frau sagte: «Schatz, glaubst du, es ist gut, sie im Bett zu haben? . . .»

Er schaute böse zu ihr hinüber. «Wieso? Warum denn nicht? Schau, sie ist ganz verrückt nach mir. Katzen sind doch saubere Tiere, nicht?»

«Ja, aber –»

«Aber was? Sie ist auf meiner Bettseite; ich weiß nicht, worüber du dich beklagst.»

Wir frühstückten alle miteinander in der Küche, und ich saß dabei auf seiner Schulter oder lag ausgestreckt auf der Stuhllehne hinter seinem Rücken.

Der Mann saß äußerst selbstgefällig da und sagte: «Schau bloß den kleinen Racker an, was ist in ihn gefahren?»

Die Frau sagte: «Nicht ihn, sie. Es ist ein Weibchen. Ich glaube, sie ist in dich verliebt.»

Diese Bemerkung wirkte sehr seltsam auf den Mann, er lachte lauter als nötig, fummelte nach seinen Zigaretten und wußte nicht, was er mit seinen Händen tun sollte. Er errötete sogar. Er sagte: «Unsinn! Ich hab sie bloß richtig behandelt letzte Nacht, als das Gewitter war. Sie ist dankbar.»

Ich strich auf der Stuhllehne hin und her, rieb mich an seinem Hals und schnurrte.

Als er an diesem Morgen zur Arbeit ging, küßte er zum Abschied seine Frau, sagte «tschüs, tschüs, Pussy» zu mir und dann, als er die Tür öffnete, zu seiner Frau: «Schau gut zu meiner Katze.»

Ha, ich bin immer noch hier!

Auf den Schultern hin- und herstreichen: unfehlbar!

Er ist in mich verliebt

An diesem Abend hockte ich auf seiner Schulter, während er die Zeitung las. Plötzlich legte er die Zeitung weg, gähnte, streckte sich und sagte: «Schlafenszeit, denke ich. Komm, Pussy.» Kein Wort mehr von der Scheune. Kein Wort mehr von der Küche. Wir gingen alle drei hinauf und ins Bett.

So kam ich in mein Haus.

Und jetzt beginne ich mit meinem Buch über die Kunst der stillen Total-Eroberung.

Menschenkunde

Männer

Wenn man mit dem Mann des Hauses zu tun hat, kommt einem zugute, daß diese Art Mensch im Grunde unsicher ist und, vor allem in Familienangelegenheiten, mit innerer Zwiespältigkeit geschlagen, aus der sich sehr viel Kapital schlagen läßt.

Der Mann ist Gott der Donnerer, der Hüter des Gesetzes, der große Polizist, der Staatsanwalt, der gestrenge Richter und der Henker.

Der Mann ist aber auch Gott der milde Vater, der Liebe, Vergebung, gute Gaben verteilt. Und nie weiß er ganz sicher, welche Rolle er wann spielen soll. Wie aus dem Kapitel über meine Eroberung hervorgeht, kann eine kluge Frau, und noch viel eher eine kluge Katze, ihn jederzeit aus der einen Rolle in die andere manipulieren.

Du hast vielleicht aus all dem Schreien und Auf-den-Tisch-Klopfen geschlossen, daß der Mann seine Frau nicht gern hatte, aber das ist ein Irrtum. Männer sind einfach so. Sie brüllen, bellen, kommandieren andere herum und stellen Gebote auf, und ihre Frauen lassen sie gewähren. Sie wissen, daß die Männer am Schluß ein schlechtes Gewissen haben und dann tun werden, was die Frauen wollten. Der Trick besteht darin, sie *glauben* zu lassen, es gehe nach ihrem Willen.

Männer sind entsetzlich eifersüchtig, denn sie sind ja Götter. Das war es, was meinen Mann umtrieb, du hast es vielleicht erraten. Er liebte seine Frau wirklich – mit menschlicher Liebe, von der ich später noch sprechen werde –, aber er wollte nicht, daß jemand anderer oder etwas anderes sie liebte oder daß sie jemand anderen beachtete als ihn. Manchmal sind sie sogar auf ihre eigenen Kinder eifersüchtig. Wenn du das verstanden hast, wirst du nie den Fehler machen, in einem Haushalt *die* Katze zu werden. Wann immer er da ist, sei *seine* Katze.

Du wirst auch sehen, daß in jeder Familie – ganz gleich, wie sehr Mann und Frau einander lieben – doch eine Rivalität zwischen beiden besteht, so daß man sie gegeneinander ausspielen kann. Schilt dich die Frau wegen etwas, das du getan hast, so nimmt der Mann sofort Partei für dich: «Arme Pussy! Sie kann doch nichts dafür.» Verliert der Mann die Geduld oder ist er deinetwegen ärgerlich, so ist die Frau auf deiner Seite.

Die wichtigste Hilfe bei der Aufgabe, den Mann, deinen Mann, jeden Mann zu zähmen und zahm zu halten, ist die Tatsache, daß wir völlig unabhängig und schwer zu kriegen sind. Vergiß das nie.

Denn, wie ich schon sagte, der Mann ist im Grunde so unsicher, daß er dauernd Liebe, Bewunderung, Schmeichelei und Ergebenheit braucht. Auf diese Tour machen's die Hunde. Und aus diesem Grund verliert der Mann, wenn er eine Frau findet, die ihm das alles gibt, vollständig seinen Kopf und gibt ihr all sein Geld, ein Haus, um darin zu wohnen, Schmuck, Geschenke und anderes, und arbeitet von früh bis spät.

Dein Vorrecht

Es ist ganz einfach. Der Mann ist restlos hin

38

Wir sind nicht hündisch ergeben, und die Männer wissen es.

Aber gerade darum wirkt es hundertmal mehr, wenn wir dem Mann ein bißchen Zuneigung zeigen oder ihn umschmeicheln, um irgendeinen Wunsch erfüllt zu bekommen. Laß ihn dich in den Armen halten, während du auf dem Rücken liegst, und sieh wie absolut dämlich-verliebt er dich anschaut. Oder mach dasselbe auf seinem Schoß, oder roll dich ein und schlaf auf ihm, und er wird stundenlang keinen Mucks tun, um dich nicht zu stören – bis er einen Krampf hat. Nimm dir die Mühe, an der Tür auf ihn zu warten, wenn er heimkommt, und er wird dich hochheben und stürmisch begrüßen, sogar bevor seine Frau einen Kuß bekommt. Männer sind so dankbar, wenn sie glauben dürfen, sie hätten die Liebe einer Katze gewonnen; es gibt dann nichts, was sie nicht für unsereinen tun. Ich brachte zum Beispiel den meinen dazu, vier Schlafboxen für mich zu machen, ehe ich schließ-

Ein bißchen Blödsinn mußt du in Kauf nehmen

lich die letzte akzeptierte, und er war so selig, als ich mich darin einrollte, daß er beinahe weinte.

Wie man den Mann einseifen kann, steht an verschiedenen Stellen dieses Buches, und du wirst noch eigene Methoden finden. Lauf ihm nach, wenn er im Garten oder im Wald spaziert. Das ist sehr wirkungsvoll. Er denkt dann nämlich, du könntest keinen Augenblick lang von ihm getrennt sein. Ein anderer guter

Ich ließ meinen Mann vier Schlafboxen basteln, ehe ich eine akzeptierte. Und dann schlief ich auf ihr statt in ihr

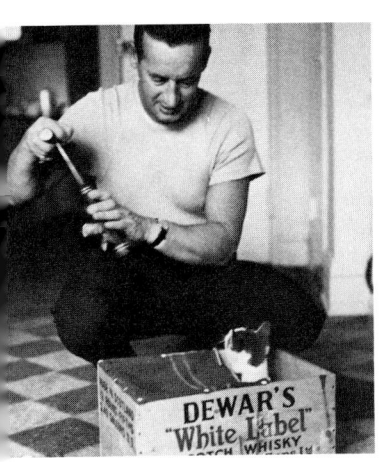  

Den hab ich schön weichgekriegt

Schachzug ist es, auf dem Badewannenrand oder der Toilette zu sitzen und ihm beim Rasieren zuzuschauen. Und natürlich, wenn du ihn ganz fertigmachen willst, komm auf sein Rufen hin, wenn andere Leute dabei sind.

Nun sagst du dir vielleicht: «Da muß ich ja meine Unabhängigkeit aufgeben!» Keine Spur davon. Du tust nur so, als wäre er der Gott, für den er sich hält, und das kostet dich keinen Millimeter eines Barthaars.

«Anthropomorphismus» ist ein Wort, das du in diesem Buch häufig finden wirst, und du solltest es wenigstens teilweise verstehen. Es bedeutet, daß Menschen den Dingen oder Tieren menschliche Eigenschaften zuschreiben, weil sie so eingebildet sind, daß sie glauben, die Welt drehe sich um sie. Deshalb sehen sie dich häufig gar nicht als Katze, sondern als etwas anderes, und auch diesen Umstand kann man ausnützen. Wenn du danach strebst, deinen Mann von Zeit zu Zeit so richtig weich zu machen, so wird er dich nicht mehr als Katze ansehen, sondern als eine Art pelztragendes Weibchen seiner eigenen Spezies, das wegen ihm den Kopf verloren hat, und wenn das erreicht ist, hast du ihn genau da, wo du ihn haben wolltest.

Frauen

Um die Frau des Hauses weichzukriegen, benütze ja, aber ja nicht dieselben Tricks und Methoden wie beim Mann. Sie sind wirkungslos, ganz einfach weil sie wahrscheinlich ein paar davon selbst, beim gleichen Mann, angewandt hat.

Frauen sind uns sehr ähnlich; leider spricht das nicht für uns. Wir müssen diese Ähnlichkeit immer im Auge behalten, wenn immer wir mit Frauen zu tun haben. Sie sind Jägerinnen wie wir, sie sind ungezähmt, sogar grausam, sie spielen mit ihren Opfern, wie man das uns vorwirft; oft lassen sie diese scheinbar entwischen,

Vorsicht! Frauen darf man nicht unterschätzen

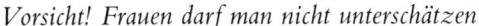

und kaum hat die unselige Beute einen Erleichterungsseufzer getan und ihr Herz klopft ruhiger, drehen sie sich um und zermahlen ihn zu Mus.

Unterschätze sie nicht, denn sie sind außerordentlich schlau, jedenfalls viel schlauer als die Männer, die sie sich gefangen und erobert haben. Sie werden zu diesem Behuf ebensoviele Tricks und Schachzüge kennen und angewandt haben, wie du selbst gelernt hast. Früher oder später kommt der Moment, da du und Madame sich miteinander auseinandersetzen, ein Augenblick der Wahrheit, da ihr nicht nur völlig klar wird, was du gemacht hast, um ihren Mann zu umgarnen, sondern auch, *wie* du es gemacht hast. Sei darauf vorbereitet.

Aber hab auch keine Angst davor, denn sie wird dich dafür bewundern und achten. Ihr Respekt vor ihrem Mann mag zwar etwas beeinträchtigt sein, aber das braucht dich nicht zu kümmern, denn der geht im Lauf der Zeit ohnehin etwas zurück. Es bedeutet nur, daß sie von da an Bescheid weiß, und wenn du klug bist,

Eine Frau, stelle ich mir vor, ist ein ähnliches Wesen wie ich

erlaubst du dir mit ihr nicht dieselben Freiheiten wie mit ihm. Aber wenn du ihr zu verstehen geben kannst, daß du weißt, daß sie weiß, und mit ihr nicht allzu viele Schlaumeiereien probierst, wirst du dich in einem sehr angenehmen und freundschaftlichen Waffenstillstand mit einer unerwarteten Verbündeten finden, die sich stets gegen ihn auf deine Seite stellen wird.

Sieh die Frau als ein Wesen an, das dir ähnlich ist, und du wirst nicht den Fehler machen, sie zu unterschätzen. Sie ist viel härter als der Mann, weiß, was sie will und wie sie es bekommt. Sie hat aber eine weiche Seite, die du ausnützen kannst, wenn du sie dazu erziehst, das Haus nach deinem Sinn zu führen. Lerne erkennen, wenn sie schlecht gelaunt oder wegen irgend etwas aufgeregt ist, und geh ihr zu solchen Zeiten aus dem Weg.

In verschiedenen anderen Kapiteln komme ich auf die Probleme zu sprechen, die sich mit Frauen ergeben; ich werde dort die Situationen analysieren, denen du in

Ein gemütlicher, freundschaftlicher Waffenstillstand

Nie wirst du dich im Haus einsperren lassen.

Dein Recht ist es, bei jedem Wetter im Freien zu sein

In dichten Büschen kann man lauern …

verschiedenen Arten von Haushalten begegnen magst. Hier will ich nur den traurigen Fall der Katze erwähnen, die ihre Unabhängigkeit so vollständig verloren hat und ihrer persönlichen Würde so total beraubt ist, daß sie im Haushalt eines einsamen, kinderlosen Menschen bleibt und sich als Ersatz hergibt. Der Herrgott hat mancherlei Kostgänger, und es gibt tatsächlich Katzen, die so faul sind, so willens, verhätschelt und verwöhnt zu werden, daß sie ein solches Leben nicht nur hinnehmen, sondern sogar genießen. Sie lassen sich im Haus einschließen, akzeptieren ein seidenes Schlafkissen, wo jede normale Katze ein Stück Zeitung oder einen alten Sack vorziehen würde, sie lassen mit sich stumpfsinnig und idiotisch in der Babysprache reden und protestieren nicht, wenn man sie umgurrt oder nah vors Gesicht hält. Keine Katze kann unter solchen Umständen ihre Selbstachtung bewahren. Wenn du je das Pech hast, einer solchen Katze zu begegnen, wird sie sich rechtfertigen wollen; aber glaub ihr keinen Moment, wenn sie dir erzählt, noch so gerne striche sie über Dächer, wenn sie dürfte, sie sei eben eingesperrt. Wenn du von deiner Mutter richtig belehrt worden bist, weißt du, daß niemand eine kluge Katze im Haus eingeschlossen halten kann. Früher oder später bietet sich eine Gelegenheit zur Flucht. Ich sage immer, jede Katze hat das Heim, das sie verdient.

Kinder

Im großen ganzen sind Kinder lästig; ich würde sie aber doch unter die Kategorie der segensreichen Möglichkeiten einreihen. Allerdings mußt du selber entscheiden, ob der Preis nicht zu hoch ist. Viel hängt natürlich davon ab, welcher Art die von dir gewählte Familie ist, vom Alter und Geschlecht der Kinder und vom Grad der Disziplin im Haushalt. Kleine Jungen sind schlimmer als kleine Mädchen. Wenn ein Kind im Haus ist, erwartet man von dir, daß du alle möglichen Unannehmlichkeiten und Unwürdigkeiten hinnimmst, zum Beispiel, daß du am Schwanz gezogen oder am Bauch aufgehängt herumgeschleppt oder gnadenlos geknetet wirst. Anderseits kann es geschehen, daß du das eine oder andere ein bißchen ins Herz schließest, wenn es gut erzogen ist. Erst wenn sie erwachsen sind, bekommen sie all die lächerlichen Eigenschaften, die sie uns so unterlegen machen.

Aber das Wichtigste ist: Wenn das Kind oder die Kinder dich lieben, ist das eine

Kinder regieren den Haushalt

Preßt dich ein Kind an sich – gib nach

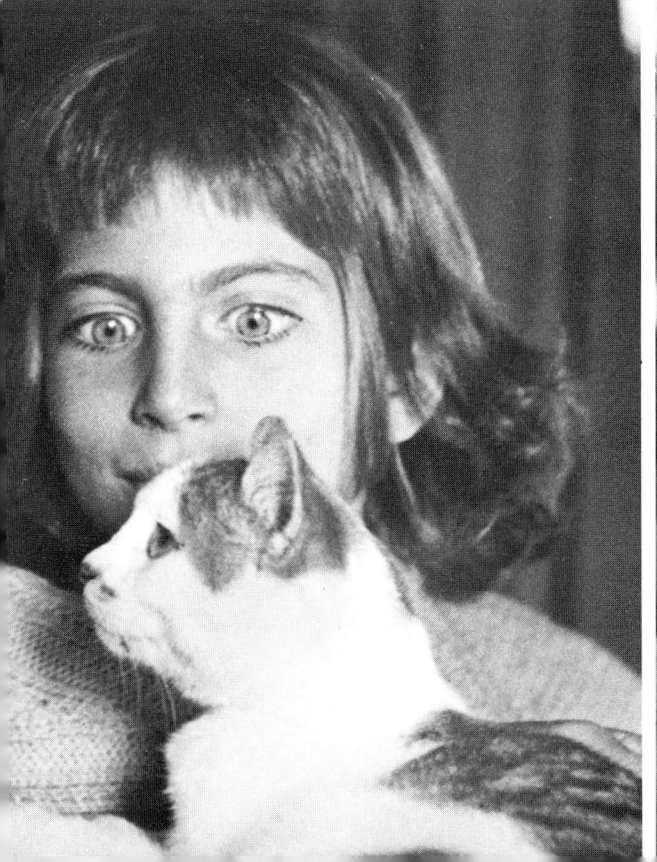

Vergiß nicht, kleine Jungen sind ärger als kleine Mädchen

Versicherung dafür, daß du ein Heim hast, solange du es willst. Und je stärkere Bande du mit dem Kind schmieden kannst, desto besser. Du wirst sehen, in unserem Land – ich meine die Vereinigten Staaten von Amerika –, regieren nicht wirklich die Erwachsenen das Haus, sondern die Kinder. In der Katzenwelt wäre dies undenkbar, da hauen die Mütter den Kindern bei der geringsten falschen Bewegung eine runter, und recht haben sie. Aber die Menschen hier haben offenbar gräßlich Angst vor ihren Kindern und verwöhnen sie über alles Maß, so daß sie ekelhafte kleine Gören werden. Aber wenn du sie ertragen lernst, und «Fredys Pussy» oder «Mariechens Katze» wirst, bist du vor allen Belästigungen sicher außer denen, die du von Fredy oder Mariechen hinzunehmen lernen mußt. Ein Wort der Warnung: was immer ein Kind dir antut, vergilt es nie, unter keinen Umständen, mit Zahn oder Kralle. Denn wenn du auch nur verdächtigt wirst, ihren Schatz gekratzt zu haben, und sei es nur im Spiel, so bist du wieder auf der Straße, ehe du Felis domesticus gesagt hast. Halte dir stets gegenwärtig, daß sie, wenn sie dich zerquetschen, dich ersticken, schleifen, strecken und an dir zupfen, in dir ein menschliches Wesen sehen. Wieder der Anthropomorphismus! Wenn du aber das Pech hast, ein Kind auszuwählen, das mit Absicht grausam ist, und wenn du auch nur eine Minute nach dieser Einsicht noch dort bleibst, verdienst du nicht, eine von uns zu sein.

Der Junggeselle

Man kann sich ein recht gemütliches Heim schaffen

Ich hab' nicht viel zu sagen über Junggesellen. Willst du einen adoptieren, so rate ich dir, zuerst seine Gewohnheiten und seine Persönlichkeit gründlich zu studieren und erst nachher zu entscheiden.

Es gibt erstens einmal gar nicht so viele, und wenn ein Mann fünfzig geworden ist, ohne daß er irgendeine Frau zu einer erfolgreichen Partnerschaft mit ihm hätte verlocken können, dann ist es mit ihm nicht ganz richtig, und es kann sehr wohl sein, daß er nicht das geeignete Material darstellt für das Leben mit einer Katze. Andererseits findest du in einem erfahrenen Junggesellen, der verheiratet war und sich scheiden ließ, unter Umständen einen Goldschatz. Ein Mann, dem es gelungen ist, eine mühsame Frau loszuwerden, empfindet eine Katze oft als äußerst angenehm und lohnend, und man kann sich ein sehr bequemes Heim schaffen, besonders wenn er Geld hat und eine Haushälterin.

Aber bestimmte Nachteile muß ich doch erwähnen. Alleinstehende Männer neigen oft zum Trinken, einer scheußlichen menschlichen Schwäche, die ihr hoffentlich nicht kennengelernt habt. Die meisten Junggesellen ziehen Hunde vor, weil ihnen die Anbetung der Frau fehlt, und die finden sie beim Hund, der, wie du weißt, nicht verbergen kann, daß er diese absurden Wesen verehrt. Wenn sie betrunken sind, verlieren sie jede Haltung und merken gar nicht, was sie tun. Man kann nichts mit ihnen anfangen, und sie bringen einen in Verlegenheit. Wenn du einen Junggesellen-Haushalt wählst, paß auf, daß der Mann nicht aus dir einen Hund zu machen versucht mit Halsband und Leine, was wohl das Erniedrigendste ist, das einer Katze mit Selbstachtung passieren kann. Ich kannte einen Junggesellen, einen Filmschauspieler, der seine Katze einfach überallhin mitnahm – in seinen Wagen, auf die Bühne, ins Restaurant, zu nächtlichen Parties, auf Züge und in Flugzeuge, gerade als ob er mit ihr verheiratet wäre. Um der Wahrheit die Ehre zu geben, ich glaube, diese Katze genoß das sogar. Es war unnatürlich – ich hätte es keine Minute lang aushalten können – aber es gibt natürlich immer Ausnahmen; du mußt nur wissen, was du wählen willst. Hätte ihr dieses Leben nicht zugesagt, so hätte sie ja fortgehen können.

Sagen wir einmal, daß du, wenn du einen Junggesellen adoptierst, ein paar Unannehmlichkeiten auf dich nehmen mußt, aber dein Leben wird nie langweilig sein.

So kommst du zu Eigentum

Das Bett

Ob du das Bett erobern willst oder nicht, steht ganz bei dir. Wieder wirst du dabei der verblüffenden Zwiespältigkeit der Menschen gegenüberstehen, die nie aufhört mich zu überraschen, obwohl sie sehr brauchbar ist. Sie wollen dich nicht auf dem Bett, und gleichzeitig wollen sie dich auf dem Bett. Das ist ein Paradox, und so sind Menschen eben.

Das Bett ist ein herrlicher Ort, ein Schläfchen zu tun, besonders wenn es frisch bezogen ist. Daß du Katzenhaare verstreust, ist unvermeidlich, und oft, wenn du dich im Schlaf streckst oder wenn du erwachst, verfangen sich deine Krallen und ziehen Fäden heraus. Deshalb wollen sie dich nicht auf dem Bett dulden und erlassen Verbote. Und doch möchten sie oft, wenn sie im Bett sind, daß du am Fußende bist oder an sie geschmiegt. Obwohl zwei Menschen einander haben,

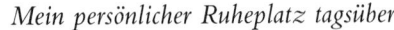

Mein Platz wäre von Rechts wegen im Bett drin   *Mein persönlicher Ruheplatz tagsüber*

sind sie offenbar doch manchmal einsam und wünschen deine Gesellschaft, oft auch, wenn er oder sie allein sind. Die Einsamkeit der Menschen ist eine ihrer nützlichen Eigenschaften, die dir das Heim und die Dienstleistungen gewährleisten, die du willst. Unser besonderes Glück ist es, daß wir Einsamkeit lindern können, einfach, indem wir da sind, vor dem Kaminfeuer schlummern, uns waschen oder ruhig in einer Ecke spielen.

Zurück zum Bett. Sie können nicht beides haben: das Bett ist entweder dein Territorium, oder es ist das nicht. Und da sie sich nicht entschließen können, kannst du es für sie tun. Wenn du lieber auf dem Bett liegst als in deinem Körbchen oder Sessel, mach das sofort klar. Mit ein bißchen Glück werden sie sich geschmeichelt fühlen und glauben, du könnest es nicht ertragen, von ihnen getrennt zu sein. Sie werden prahlen: «Unsere Katze schläft immer zu unseren Füßen im Bett», und wenn du willst, bringst du es so weit, daß sie hinzufügen «und kommt am Morgen und weckt uns»: Du stehst einfach auf, wenn du genug geschlafen hast, und marschierst über ihre Gesichter; das scheint ihnen zu gefallen. Die Technik, das Bett zu erobern, ist einfach; wie immer kommt alles auf den richtigen Zeitpunkt und die Gewöhnung an. Du mußt nur dafür sorgen, daß du morgens und abends im Schlafzimmer bist, wenn sie im Bett sind und dich einladen, zu ihnen zu kommen. Wenn du sie daran gewöhnt hast, dich dort zu sehen, ergibt sich alles weitere von selbst. Ein anderer Trick besteht darin, nach dem Frühstück hinaufzugehen und aufs ungemachte Bett zu springen. Man wird dich fortscheuchen beim Bettenmachen, aber sobald alles fertig ist, spring sofort wieder hinauf, und in neun von zehn Fällen darfst du dortbleiben.

Ein Wort der Warnung über Betten. Wenn ein Baby im Haus ist, steig *niemals* in sein Bettchen und deute mit keinem Zeichen an, daß du gerne dort schlafen würdest. Die Menschen bieten einander eine Legende weiter, wonach ein sehr kleines Kind einmal erstickt sei, weil eine von uns auf seinem Gesicht geschlafen habe. Das ist natürlich barer Unsinn. Der letzte Ort, an dem wir schlafen würden, ist nahe bei einem Gesicht. Aber du wirst feststellen, daß die Leute im großen ganzen nach den Legenden leben, die sie erfinden, und du mußt dich damit abfinden und darauf Rücksicht nehmen.

Der Sessel

Hast du dich einmal in dem von dir erkorenen Haushalt etabliert, so wirst du auch gleich den Wunsch haben, einen bestimmten Sessel für dich auszuwählen und mit Beschlag zu belegen, der dann von keinem andern Familienmitglied mehr benutzt werden und für dich reserviert bleiben soll, ob du gerade drinsein willst oder nicht.

Einen Sessel in Besitz zu nehmen und zu behalten, braucht Zeit, Wachsamkeit und Geduld, besonders wenn es sich um den Stuhl des sogenannten Hausherrn handelt, oder wenn er einem praktischen Zweck dient, etwa an einem Schreibtisch oder Tisch steht oder für Besucher gedacht ist.

Willst du dir einen nur für dich reservierten Sessel aneignen, so mußt du bereit sein, am Anfang viel Zeit darin zu verbringen, zusammengerollt schlafend oder wenigstens zu schlafen vorgebend, damit die Familie sich an deinen Anblick auf dem Sessel gewöhnt. Menschen, das wirst du sehen, sind Sklaven der Gewohnheit und außerordentlich faul. Mit Gehirnwäsche glauben sie, was immer du willst, und mit Augenwäsche bringst du sie dazu, gewisse Situationen als Fait accompli zu akzeptieren. Mit Augenwäsche meine ich, daß sie dich dort *sehen* auf dem Sessel, jeden Tag, und schließlich überzeugt sein werden, dies sei dein Sessel und nicht ihrer.

Aber das ist erst das erste Stadium deiner Schlacht, du wirst erst erreicht haben, daß sie dich nicht sofort herunterjagen, wenn sie dich dort sehen. Sie setzen sich immer noch darauf, wenn du weg bist.

Die nächste Phase besteht darin, sie so zu erziehen, daß sie den Sessel nicht mehr benützen. Dafür muß man eine Woche lang sehr wachsam sein. Du bleibst in der Nähe des Sessels, und sobald jemand Anstalten macht, sich darauf zu setzen, springst du noch schnell hinauf. Bist du oben, kannst du zwei Dinge tun, um die Festung zu halten: du kannst dich eifrig zu waschen beginnen und dabei aufpassen, daß du nie dem Menschen, der den Sessel besetzen wollte, ins Auge blickst. Oder du kannst dich einrollen zum Schlafen.

Wählst du die zweite Möglichkeit, so ist es von Vorteil, wenn du eine graziöse oder «süße» Pose einnimmst, zum Beispiel eine Pfote über die Nase legst oder mit lose hängenden Füßen auf dem Rücken liegst, oder eine andere von den Haltungen ausprobierst, die ich in einem besonderen Kapitel beschreiben werde. Der Zweck ist, den Menschen von seiner ursprünglichen Absicht abzulenken, sich in den Sessel zu setzen. In neun von zehn Fällen wird das gelingen. Ist die Pose reizend genug, werden andere Familienmitglieder geholt, um sich das anzuschauen; manchmal holen sie sogar den Fotoapparat. Wenn sie immer noch sitzen wollen, wählen sie einen andern Sessel, und deine Stellung als Sesselbesitzerin wird sich noch tiefer in ihre beeindruckbaren Gehirne eingeprägt haben.

Wir dürfen nie vergessen, einen seltsamen Vorteil auszunützen, den wir gegen-

Und das ist mein Sessel

über der menschlichen Spezies haben, weil wir Tiere und theoretisch zur Verständigung unfähig sind. Wenn wir unsere Wünsche begreiflich machen können, halten sie das für eine meisterliche Leistung, für höchst amüsant und aus unerfindlichen Gründen für etwas, das ihnen zur Ehre gereicht.

Eine Menge schwer faßbarer Gefühle spielen da mit, die nicht leicht zu erklären sind. Nehmen wir zum Beispiel an, der Hausherr hat deinen Sessel belegt und du hast es fertiggebracht, ihm klarzumachen, daß du dorthin willst. Sogar andere Familienmitglieder machen ihn darauf aufmerksam. Interessiert oder amüsiert gibt er den Sessel frei, um zu sehen, ob das stimmt. Er sieht, daß es stimmt, und fortan reist er auf diese Geschichte oder erzählt sie als triumphalen Höhepunkt, wenn irgendwo von Katzen die Rede ist. Dank einer merkwürdigen Umkehrung fühlt er sich größer, weil du ihm seinen Sessel abgeluchst hast; denn die Tatsache, daß seine Katze klüger ist als die der Nachbarn oder jede andere, kann nur daher kommen, daß sie die seine ist. Na schön, laß ihn das glauben. Auf jeden Fall hast du jetzt den Sessel. Wenn jemand von seiner Familie den Sessel verlangt oder drin zu sitzen versucht, sagt ihm der Hausherr deutlich Bescheid oder vertreibt ihn ohne Umstände. Aber jedesmal, wenn du ihn selbst aus dem Stuhl vertreibst, wird dies als Bestätigung dafür akzeptiert, daß du eine äußerst kluge Katze bist. Und das bist du ja auch.

Bleibt nur noch das Problem des Gelegenheitsbesuchers, der es nicht weiß oder noch nicht herausgefunden hat. Manche Familien genieren sich, sofort darauf hinzuweisen, daß er dir deinen Platz wegnimmt. Aber wenn du ihnen ein bißchen hilfst, lernen sie es schnell, mit dir zusammenzuarbeiten.

Wenn du ins Zimmer kommst und ein Gast auf deinem Sessel sitzt, kannst du auf verschiedene Weise unangenehm werden. Du kannst schweigend dasitzen und auf deinen Platz starren. Du kannst an ihm aufstehen und deine Krallen in seine Knie schlagen. Du kannst hinaufspringen, entweder auf seinen Schoß oder ein schmales Plätzchen zwischen ihm und der Lehne, und betont mühsam versuchen, es dir dort bequem zu machen. Da die meisten Leute, die zu Besuch kommen, gute Kleider tragen und keine Katzenhaare darauf haben wollen, und da es mehr Leute gibt, die Katzen nicht mögen, als solche, die sie gernhaben, ist die Wahrscheinlichkeit groß, daß du es mit einem Ailurophoben zu tun hast. Man hebt dich also vom Schoß hoch und setzt dich auf den Boden. Spring sofort wieder zurück. Irgendein Familienmitglied sagt dann sicher: «Oh je, ich glaube, Sie sitzen auf Pussys Stuhl!» Und der Besucher springt auf, als ob sein Anzug oder ihr Kleid in Flammen stünde, setzt sich auf einen andern Sessel und murmelt, das habe er nicht gewußt. Dein Mann oder deine Frau sagt vielleicht mit abbittendem Lächeln, «Pussy regiert so ziemlich das Haus. Wir sind sozusagen nur geduldet.» Dann weißt du, daß du die höchste Stufe erklommen hast. Sie haben sich hundertprozentig ergeben und finden das sogar schön.

Die folgende, letzte Anweisung lege ich zögernd nieder, sie ist wirklich unfein und soll nur im Notfall angewendet werden. Aber es gibt Besucher, die sich zu wichtig nehmen oder zu begriffsstutzig sind, und Leute, die zu gastfreundlich oder zu schüchtern sind, um einen Gast zurechtzuweisen, und die ihn deshalb nicht bitten, den Sessel zu wechseln. Du kannst es dir nicht leisten, darüber hinwegzusehen und auch nur den Hauch eines Zweifels darüber aufkommen zu lassen, das dies für immer und ewig dein Sessel ist. Sonst könntest du nicht nur hier, sondern auch in vielen anderen Bereichen Rechte verlieren. Und so verrate ich dir, was fast immer wirkt. Du setzt dich still zu des Gastes Füßen nieder, faltest deine Pfoten ein und produzierst einen Geruch. Bald erhebt sich der Gast aus dem Stuhl und geht zum Fenster oder auf die andere Seite des Zimmers und setzt sich aufs Sofa. Du aber springst sofort auf dein Eigentum, wäschst dich mit ein paar Zungenstrichen, als ob nichts geschehen wäre, rollst dich ein und entspannst dich. Falls deine Menschen etwas gerochen haben, werden sie sich nichts anmerken lassen, denn das wäre fast, als ob es von ihnen gekommen wäre.

Ich hab doch klar gesagt, dieser Sessel gehöre mir. Also?

Andere Orte und Dinge

Hast du einmal die Technik gemeistert, anders als die anderen Katzen zu sein, und verstanden, wieviel sich damit erreichen läßt, kannst du sie bis zur Exzentrizität steigern – wenn dabei nur eine gute Geschichte oder einzigartige Foto herausschaut, wirst du so deinen Herrschaftsbereich ausdehnen können auf jeden Ort oder Gegenstand, der dir gefällt. Und das funktioniert übrigens auch umgekehrt, wenn dir etwas nicht gefällt oder du dir etwas nicht gefallen lassen willst.

Zum Beispiel richten sie dir vielleicht in einer Kiste ein Bett her, für dich allein. Wenn es gut gemacht ist, bequem und angenehm, nimmst du es natürlich an, es hat ja keinen Sinn, sich aus purem Widerspruchsgeist ins eigne Fleisch zu schneiden. Du wirst sehen, deine Leute sind begeistert über die Annahme und darüber, daß sie es fertiggebracht haben, dich zufriedenzustellen. Aber wenn das

Dieses Bett habe ich akzeptiert ...

... aber selbstverständlich bin ich berechtigt,
auch sonst überall zu schlafen, wo es mir gefällt

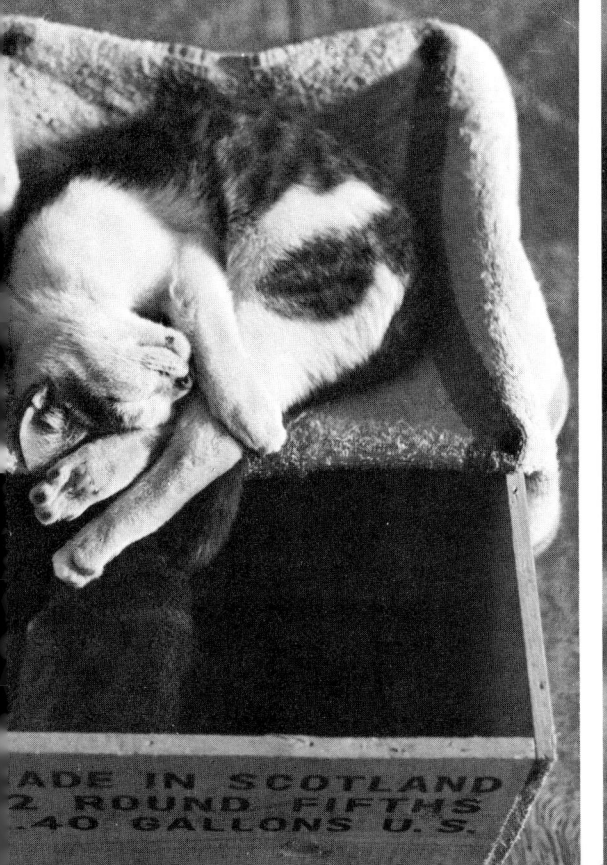

Bett dir nicht zusagt, laß es links liegen. Rühr es nicht an. Wenn man dich hineinsetzt, steig sofort wieder hinaus und mache deine Ablehnung klar, indem du dich im Wäschekorb niederläßt oder eine Schublade mit Beschlag belegst, in der sich Taschentücher oder Madames Unterwäsche befinden. Letzteres ist oft sehr wirksam, es ergibt eine interessante Geschichte oder einen prima Schnappschuß zum Herumzeigen.

Noch etwas: Sie haben wenig oder nichts dagegen, wenn du dir ein Paar Pantoffeln zum Spielen und Draufherumkauen aneignest, oder einen Pullover als Lagerstätte. Es mag sein oder ihr Lieblingsstück sein, aber, so lächerlich es klingt, sie fühlen sich geschmeichelt, wenn du es für dich nimmst, und bringen es irgendwie fertig, daraus den Schluß zu ziehen, es handle sich um einen Liebesbeweis von dir.

Die gehören jetzt auch mir

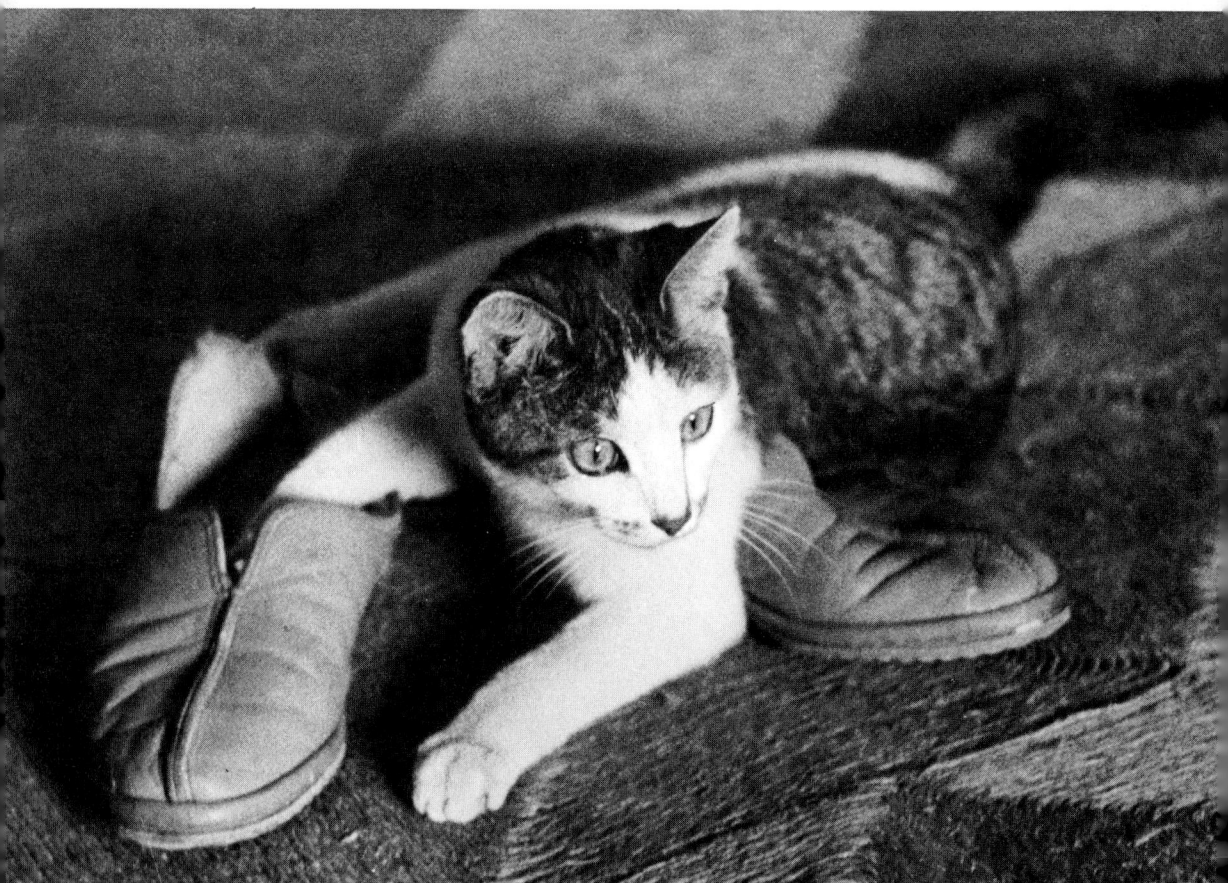

Tierarzt – ohne Hysterie!

Das gehört zwar, streng genommen, nicht in eine Anweisung, wie man einen Haushalt erobert. Aber schließlich gehört es zur Kunst, mit Menschen zu leben. Erfolg oder Mißerfolg deiner Eroberung läßt sich an deiner Beziehung zu Menschen ablesen. Der erste und mancher weitere Gang zum Tierarzt ist unvermeidlich, und ein guter Rat hat noch niemand geschadet.

Menschen brechen sich dauernd die Beine

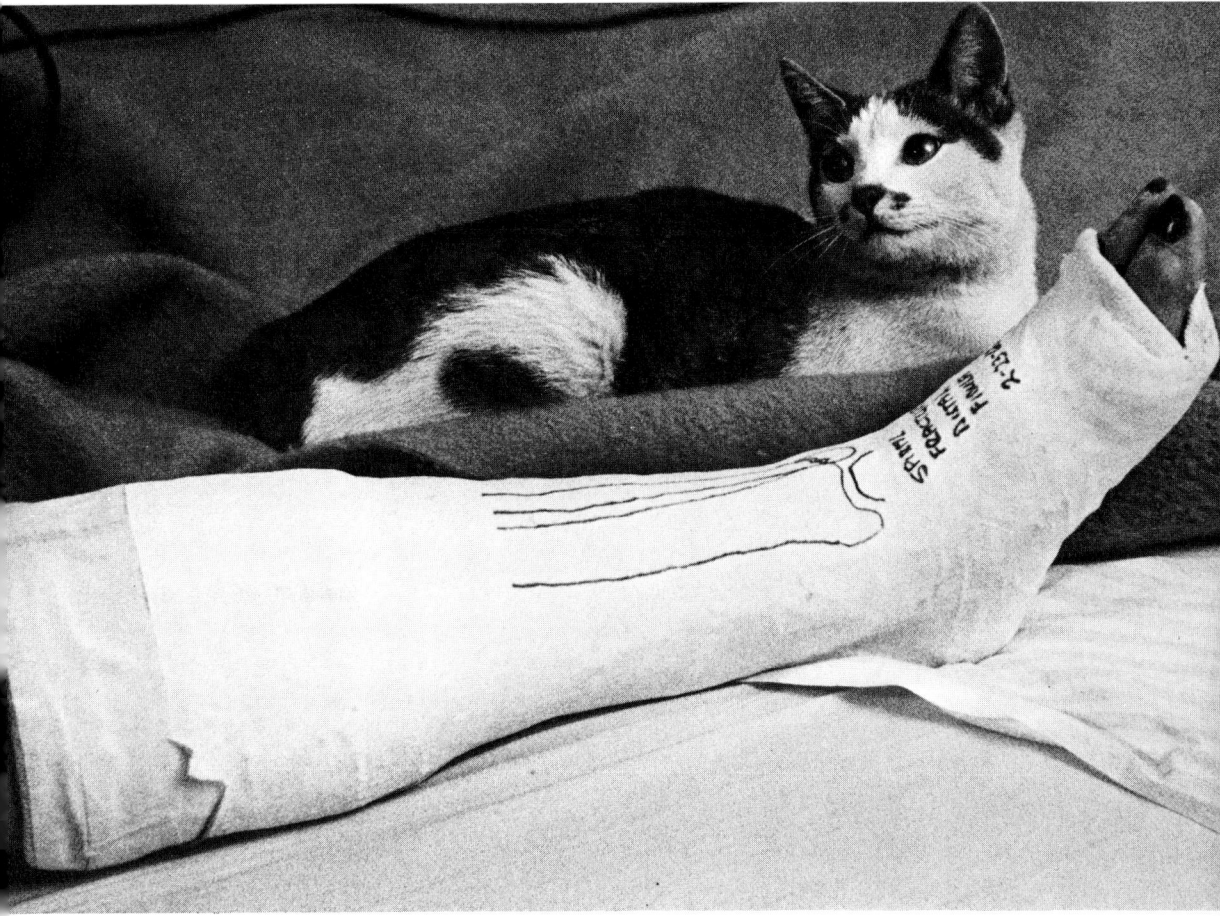

Menschen verbringen mehr Zeit damit, krank zu sein, als du es für möglich halten solltest bei einer Spezies, die sich stolz für intelligenter hält als wir. Dauernd erkälten sie sich, haben Kopfweh oder Bauchweh oder geheimnisvollere schleichende Krankheiten, oder sie brechen Beine und Arme, schneiden sich und ziehen sich blaue Flecken zu, und meist rennen sie sofort zu irgendeiner Art von Arzt. Ihnen passieren andauernd soviele Dinge, daß sie verschiedene Ärzte für die verschiedenen Krankheiten in all ihren Körperteilen haben. Außerdem verbringen sie viel Zeit damit, sich krank zu glauben, wenn sie es gar nicht sind.

Wir dagegen sind selten krank, und wenn wir es sind, gehen wir irgendwohin und essen Gras, bis wir uns wohler fühlen, und wenn wir im Kampf verwundet werden, lecken wir die Wunde, bis sie heilt, und damit hat es sich.

Aber da soviele Menschen uns auch als Menschen statt als Tiere ansehen, erfinden sie eine Menge Krankheiten, die wir vorher nie hatten (ehe wir nämlich mit im

Versteck dich bloß nicht

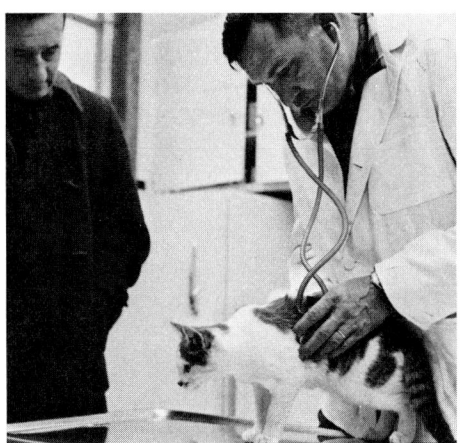

Er hört dich ab, ob dir etwas fehlt

Winter zentralgeheizten, im Sommer klimatisierten Häusern fertigwerden mußten, und mit dem scheußlichen Dreck ihrer Straßen). So bringen sie uns eilends
zum Tierarzt, wenn wir nur niesen oder eine heiße Nase haben oder einen Tag
herumliegen, statt wie Irre durchs Haus zu toben.

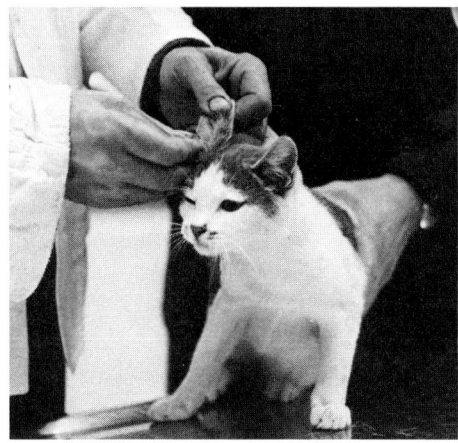

Ohren sind oft ein Problem ...

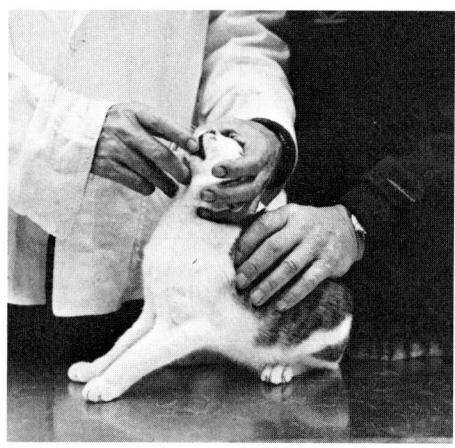

... und Zähne auch

Jetzt glaubst du sicher, ich rate dir, nicht zum Tierarzt zu gehen, dich schnell zu verstecken, wenn dein Korb hervorgekramt wird und deine Barthaare dir sagen, daß ein Arztbesuch bevorsteht, oder so ein Theater zu machen, wenn du dort bist, daß der Arzt nichts machen kann. Ganz und gar nicht! Geh ruhig und benimm dich, wenn du bei ihm bist.

Ob du's glaubst oder nicht, Tierärzte sind die gütigsten aller Menschen und tun dir nicht weh, wenn sie es irgend vermeiden können. Protest nützt dir sowieso nichts, denn sie sind nicht sentimental und wissen über uns fast soviel wie wir selbst. Wenn du Blödsinn machst, wickeln sie dich einfach in ein Tuch ein oder binden dich an, und das ist würdelos und läßt dich bei deiner Familie Gesicht verlieren.

Zum erstenmal gehst du, wenn du noch sehr, sehr jung bist, so wie ich es war, als ich gegen Staupe geimpft wurde; Menschen haben zwar alle möglichen neuen Krankheiten, aber sie kennen auch viele neue Wege, sie zu heilen oder ihnen vorzubeugen.

Impfungen sind unangenehm, ein Nadelstich, und danach fühlt man sich zwei Tage lang schlecht, aber Gefahr ist nicht dabei.

Die Gerüche in der Praxis werden dich erschrecken, der weiße Tisch, die gleißenden Lichter, der unbekannte Mann im Arztmantel und die Spritze selbst, aber dein eigener Mann oder deine Frau wird auch bei dir sein, und wenn du einen Funken Verstand hast, wird dir klar sein, daß nichts Schlimmes passieren kann. Wenn du eine so kluge Katze wirst, wie ich hoffe, läßt du dich auch vom ersten Arztbesuch nicht so beeindrucken, daß du nie mehr gehst oder dich nie mehr vom Tierarzt behandeln läßt, ohne zu schreien, daß die Wände zittern. Ein bißchen zuviel Medizin schadet dir nichts und ist besser als zuwenig. Glaub mir, ich habe eine Menge Freunde, die nur lebendig und gesund herumlaufen, weil sie rechtzeitig zum Tierarzt gebracht wurden. Mein Mann geht immer mit mir zum Tierarzt und bleibt bei mir. Er liebt mich so sehr, daß er leicht hysterisch wird, wenn ich Symptome zeige, die er nicht kennt, und schon sind wir auf dem Weg zum Doktor, wo er zehn Dollar dafür zahlt, zu erfahren, daß ich bloß meine Eßgewohnheiten ein bißchen ändern müßte (woran ich vermutlich schon seit Tagen herumprobiert habe). Nebenbei gesagt, man trifft im Wartezimmer eine Menge interessanter Katzen und Menschen. Aus der ganzen Affäre kann ein aufregendes Abenteuer werden, und dein Mann wird, wenn alles vorbei ist, dir gegenüber noch väterlicher und gottgleicher empfinden.

Wenn du dich einmal wirklich krank und elend fühlst, geht es dir nach einem Gang zum Tierarzt viel schneller wieder gut. Wenn du schlau genug bist, einen Haushalt zu erobern, sei auch so klug, deinen Tierarzt zu benutzen. Das ist nichts als weise.

Ob du's glaubst oder nicht, es geschieht zu deinem Besten

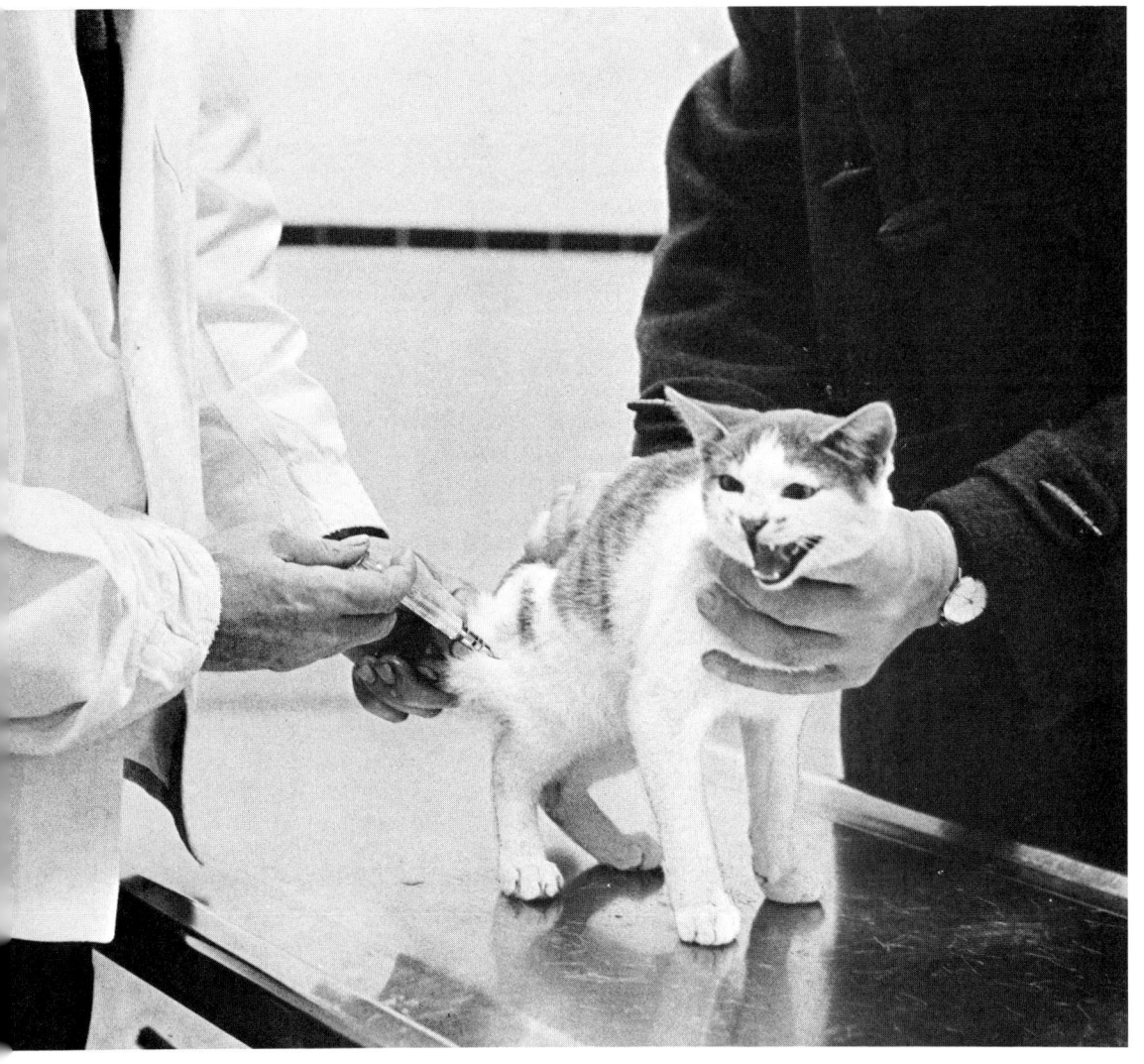

Kapitel 5

Zeig ihnen, was du essen möchtest

Was möchtest du essen? Was magst du am liebsten? Krabben – aus Büchsen oder frisch? Frische Fischfilets? Kalbsleber, Hühnerleber, Kalbsnierchen? Lachsrogen, Kaviar? Es gibt nichts, das du nicht haben kannst, wenn du es richtig anstellst. Gewiß sind alle diese Dinge teuer, aber die Leute kaufen sie auch für sich, warum also nicht für dich?

Kalbsleber zum Beispiel ist ein herrliches Essen, bis du einmal Hühnerleberchen gekostet hast. Aber es gibt etwas noch Besseres, und wenn du einmal davon gegessen hast, magst du auch keine Hühnerleberchen mehr. Das ist Gänseleber, aus Frankreich importiert und «pâté de foie gras» genannt. Sie ist in oval geformten Büchsen, die du bald kennen wirst. Nach Kaviar ist das das teuerste Essen, aber wenn du einmal davon gekostet hast, wirst du keine andere Leber mehr haben wollen.

Glaub aber bloß nicht, du bekommst all diese Delikatessen von selbst serviert. Ganz und gar nicht! Für jede einzelne wirst du kämpfen müssen. Es wird nicht leicht sein, und manchmal wirst du hungrig sein und verzweifelt. Aber wenn du stark bist und deine Leute kennst, wirst du siegen, das verspreche ich dir.

Natürlich weißt du am Anfang nie, wann, wo und wie du gefüttert wirst. Das ist, je nach Art der von dir gewählten Menschen, immer wieder anders. Vielleicht hast du sogar ein Paar von der schwierigsten Art erwischt, das sich ein Handbuch über «Haltung und Fütterung der Katze» angeschafft hat. Keine Sorge, man wird auch mit ihnen fertig. Darum schreibe ich ja auch ein Handbuch.

Wenn du charakterstark genug bist, die einfachen Regeln und Anweisungen auszuführen, die ich hier niederlege, wirst du zu einem sehr schönen Erfolg gelangen; deine Leute werden schließlich sagen: «Ach was, das Buch hat ganz einfach nicht recht. Unsere Katze ist anders.» Und das gehört natürlich auch zu unserem geheimnisvollen Wesen, du darfst es nie vergessen. Wir sind anders, und du bist noch viel mehr anders als alle andern.

Am leichtesten zu behandeln sind die Menschen, die nichts wissen, und der richtige Zeitpunkt, mit ihrer Erziehung zu beginnen und deine Wünsche klarzumachen, ist gleich zu Anfang, wenn sie noch überwältigt sind von der Ehre, die du ihnen erweist, indem du in ihrem Haus bleibst. Was jeder Mensch weiß, einfach weil das Allgemeingut ist, ist, daß alle Katzen gern Milch haben. Da gibt es also keine Schwierigkeiten, es sei denn, du mögest besonders gerne Sahne, in welchem Fall du die gleiche Technik anwendest, um sie dazu zu bringen, daß sie dir die Kaffeesahne zu trinken geben und selbst Milch zum Kaffee nehmen. Aber feste Nahrung ist wieder etwas anderes, und da werden sie in ihrer Unwissenheit alles Mögliche probieren, angefangen mit Resten von ihren Tellern, die natürlich ekelhaft sind – das wirst du ihnen schnellstens abgewöhnen –, bis zu Dosenfutter aller Marken. Manche essen dieses Zeug und finden es gut, aber du brauchst das nicht zu tun.

Wenn du mit dieser unwissenden Klasse zu tun hast, ist die Aufgabe leichter, denn sie sind ja so lernfreudig. Nehmen wir an, sie haben ein Schüsselchen voll Essen für dich auf den Boden gestellt und warten jetzt wohlwollend daneben in ihrer selbsterworbenen Rolle der Geber-Guter-Dinge. Geh hin, schnuppere ein- oder zweimal, steck deine Nase überall in den Teller, als ob du versuchtest, eine einzige eßbare Krume darin zu finden, probier eventuell eine. Dann schau ihnen einen Moment lang voll ins Gesicht. Du brauchst keinen Ton zu sagen, dein Ausdruck sagt es ganz klar: «Das soll ich essen? Es ist euch doch nicht ernst?» Geh weg. Geh in eine Ecke oder auf den Sessel, den du zu erobern im Begriff bist.

Sie werden dich zurücklocken. Geh. Du brauchst dich schließlich nicht unangenehm zu zeigen. Mach klar, daß du ja gerne mitmachen würdest. Wiederhol einfach deine Vorstellung. Dann hast du nachdrücklich bewiesen, daß du ihnen gerne helfen würdest, aber das gehe nun einmal nicht. Das ruft bei ihnen eine kleine Panik hervor. Vielleicht lassen sie die Schüssel dort, denn es könnte ja sein, daß du einfach nicht hungrig bist. Natürlich rührst du sie nicht an, und nachdem sie fünf oder sechs Stunden dortgestanden hat, werden deine Leute anfangen, sich Sorgen zu machen.

Vielleicht machen sie jetzt eine Dose Sardinen auf. Die sind, als seltene Abwechslung, gar nicht schlecht, aber du möchtest nicht von Sardinen leben. Das kannst du andeuten, indem du ein halbes Fischlein ißt und dich dann abwendest. Aber wenn du wirklich weißt, was du willst, und von Anfang an klarmachen willst, was du essen möchtest, rührst du sie nicht an. Jetzt sind deine Leute wirklich beunruhigt über deinen Mangel an Appetit und wollen das Rätsel auch lösen. Wenn sie eine Vorratskammer haben, fangen sie jetzt an, Dosen zu öffnen: Krevetten, japanische Krabben, Hummerschwänze, roten Kaviar, Leberpain, Sardellen. Wähl aus, was du willst, und mach damit klar, daß dies dein Hauptgericht sein soll, nebst anderen Sachen, die auch in Frage kämen. Mach es gleich mit Fleisch und Fisch, etc. Wie willst du es haben? Roh gehackt? In Butter gebraten? Besondere Fleischteile? Mit Knochen oder ohne? Es liegt an dir, dies anzugeben. Sie werden jetzt nur allzu dankbar sein für deine Hilfe.

Jetzt kommen wir zu Leuten, die etwas über Katzenfutter wissen; die Leser von Katzenhaltungsbüchern, die ich schon erwähnt habe. Hier sind die Schwierigkeiten größer, und du mußt dich auf einen Kampf bis aufs Messer gefaßt machen. Denn du weißt, und ich weiß, und überdies wissen sie es auch: wenn der Hunger groß genug ist, essen wir alles und finden es gut. Und die Alleswisser, die Katzenhaltungsbücher schreiben, haben wohl auch verraten, daß wir lange Zeit

Mach deine Wünsche klar   *Manche sind entsetzlich unwissend*   *Schnuppere ausgiebig daran ...*

hungern können, ohne deswegen zu leiden. Ich zitiere eins dieser Bücher, damit du weißt, womit du es zu tun hast:

«Erlaube deiner Katze nie, sich ihre Nahrung auszuwählen. Falls sie etwas nicht ißt, von dem du weißt, daß es nahrhaft und gesund für sie ist, laß sie zwei oder drei Tage fasten, ja vier oder fünf, wenn nötig. Zwei Tage sind normalerweise genug, um eine Katze zur Vernunft zu bringen. Hat sich dein Wille einmal als stärker erwiesen, gibt es keine Schwierigkeiten mehr.»

Merk dir den letzten Satz. Er ist nur allzu wahr. Aber *du* mußt die erste Schlacht gewinnen.

Das kannst du auf verschiedene Arten erreichen. Die einfachste setzt voraus, daß man dich ins Freie läßt: dann iß aus der nächsten Mülltonne genug, um durchzuhalten. Eine andere Möglichkeit ist, eben genug zu essen, um in einem langen Feldzug nicht zu verhungern. Aber damit gibst du eigentlich nach, und es ist schlechte Psychologie, das Zeug auch nur anzurühren.

Es gibt noch eine dritte Methode, die ich aber nicht ohne Vorbehalt empfehlen möchte. Die besteht darin, einige Tage zu fasten, dann zu essen, was angeboten wird, und sich nachher sofort auf den Teppich zu erbrechen. Das bedeutet Kritik an ihrer Methode und Beweis dafür, daß das Essen dir nicht bekommt. Aber, wie ich sagte, ich empfehle diese Methode nicht bedingungslos. Sie funktioniert manchmal, wenn die Leute weichherzig sind, aber wenn sie hart bleiben können und auf ihre Teppiche Wert legen, kannst du dich plötzlich auf der falschen Seite der Eingangstüre wiederfinden, und zwar für immer.

Die befriedigendste Taktik – sie versagt äußerst selten – besteht darin, konsequent zu sein und sie bei ihrem eigenen Spiel zu schlagen. Weigere, weigere, weigere dich! Iß es nicht, und wenn du dabei fast stirbst. Du wirst magerer und kannst tun, als seiest du ein gut Teil kränker, als dies der Fall ist. Denn im allgemeinen

«Das soll ich essen? Es ist dir doch nicht ernst?»   *Schau ihnen voll ins Gesicht*

sind Menschen viel schwächer als wir. Denk daran, wir haben die letzten fünfzig Millionen Jahre unverändert überlebt. Wir waren Katzen, als noch nie jemand von Menschen gehört hatte. Und wenn der letzte Mensch der Erde sich in die Luft gesprengt hat, wird es immer noch Katzen geben.

Vergiß nicht das Ziel dieser Kampagne: es geht nicht nur darum, das Essen, das sie für dich vorbereitet haben, zurückzuweisen, sondern ihren Willen bis zu dem Punkt zu brechen, da sie für dich zur Auswahl Dosen öffnen. Und je länger dieses Duell dauert, desto besser sind deine Chancen, denn wenn du mit einem Mann und einer Frau lebst, hast du stets ein geteiltes Haus, und du weißt aus früheren

Laß es einfach stehen

Gib dich nie mit weniger als einem totalen Sieg zufrieden

Erfahrungen, daß du den einen gegen den andern ausspielen kannst. Ein alleinstehender Mann, eine alleinstehende Frau hat bei diesem Kampf mit dir natürlich überhaupt keine Chance; ein Ehepaar wird einander bis zu einem gewissen Grad unterstützen. Dieser Grad ist früher oder später erreicht, wenn sie sich wegen etwas ganz anderem aufregen oder ärgern und dann *dich* benutzen, um ihre Differenzen auszutragen. Sie sagt: «Was willst du eigentlich, willst du die arme Katze verhungern lassen?» oder er fängt an: «Du und dein verdammtes Buch über Katzenhaltung! Ich halt's nicht mehr aus, wie das Tier mich anschaut. Entweder du fütterst es, oder du gibst es weg.» Dann weißt du, jetzt dauert es nicht mehr lange, bis sie im Kühlschrank nach etwas Gutem suchen oder den Metzger oder Fischhändler anrufen.

Am Ende werden sie dir noch dankbar sein. Es ist ihnen zwar nicht klar, aber es arbeitet etwas für dich, und das ist dein Wert als Gesprächsthema, wenn du bei Dinner-Einladungen als exzentrische Individualistin geschildert werden kannst. Da prahlen die Gäste und Gastgeber dann um die Wette: «Unsere Katze ißt nur gefüllte Miesmuscheln mit geriebenen Kashew-Nüssen.» «Das ist noch gar nichts, unsere Katze ißt ausschließlich Krabbenscheren aus Alaska, leicht angebraten in tschechischer Butter und auf französischem Sardellentoast serviert.» Je komplizierter das Essen ist, das du dir ausdenkst, damit deine Leute bei diesem Wettbewerb obenausschwingen, desto dankbarer sind sie dir am Ende und werden versuchen, dir neue Leckerbissen anzubieten. Gib dich in dieser Sache nie mit weniger als einem vollständigen Sieg zufrieden.

Kleine Happen vom Tisch ...

Willst du deine Menschen daran gewöhnen, dir hin und wieder vom Tisch kleine Happen zukommen zu lassen, mußt du direkt vorgehen.

Irgendwann, gewöhnlich im Anfang eurer Bekanntschaft, wird der eine oder andere – meistens der Mann – ein Gesetz für Frau und eventuell Kinder erlassen: «Kein Füttern am Tisch, verstanden? Ich will das nicht haben.»

Begeh nie den Fehler, dieses Gesetz umgehen zu wollen, indem du dich an die Frau oder an die Kinder heranmachst. Damit würdest du nur eine Serie unangenehmer Familienstreitigkeiten hervorrufen und Mißstimmung schaffen. Geh direkt auf ihn los. Hast du einmal seinen Willen gebrochen und erreicht, daß er dir heimlich Leckerbissen zusteckt, dann kannst du dafür sorgen, daß der Rest der Familie es sieht. Nachher wird alles leicht gehen, und du hörst nie wieder etwas vom Verbot des Fütterns-vom-Tisch.

Fang nicht sofort zu betteln an, besonders nicht sofort, nachdem das Gesetz verkündet wurde. Das ärgert ihn nur, und schließlich wirst du während der Mahlzeiten aus dem Eßzimmer verbannt. Nein, tu so, als fügtest du dich. Geh in eine Ecke und leg dich nieder, ohne die Leute beim Servieren zu hindern. Oder wähl einen Stuhl in der Ecke und roll dich darauf ein. Der Mann denkt dann, du habest seinen Befehl gehört und befolgest ihn. Das bereitet ihm Vergnügen, bestätigt ihn in seiner Gott-Rolle und wiegt ihn in eine trügerische Sicherheit.

Eines Tages dann, wenn ihm offensichtlich das Essen schmeckt und er guter Laune ist, kommst du aus deiner Ecke hervor oder steigst von deinem Stuhl, wanderst zum Tisch und darunter, und reibst den Kopf sanft gegen seine Knöchel. Er wird automatisch hinunterlangen und deinen Kopf tätscheln oder dich am Kinn kratzen. Das schmeichelt ihm, und wenn du es fertigbringst, ein bißchen an seinen Fingern zu lecken, so hast du ihn für den nächsten Schachzug noch mehr aufgeweicht.

Jetzt, still, damit niemand von der Familie etwas merkt, kommst du unter dem Tisch hervor, setzt dich neben seinen Stuhl und schaust zu ihm hinauf. Tu noch nichts. Er wird nichts dagegen haben. Du hast nicht gebettelt, du hast dich seiner Autorität nicht widersetzt, du hast nicht versucht das Gesetz zu brechen. Du hast nur Sehnsucht nach seiner Gesellschaft, und vielleicht rufst du bei ihm sogar die nützliche Empfindung hervor, ihm widerfahre durch deine Avancen besondere Ehre.

Jetzt wähl deinen Platz und wähl deinen Leckerbissen – irgend etwas besonders Saftiges, Begehrenswertes und gut Duftendes, das er gerade ißt, und wenn er einmal freundlich zu dir hinunterschaut, gib ihm das stumme Miau.

Es gibt keinen besseren Eröffnungszug. Manchmal wirkt er augenblicklich, aber wenn nicht, besteht sein Wert in seiner Stummheit. Der Rest der Familie bemerkt nicht, was vorgeht, und er läuft keine Gefahr, Gesicht zu verlieren.

Das bewährte stumme Miau

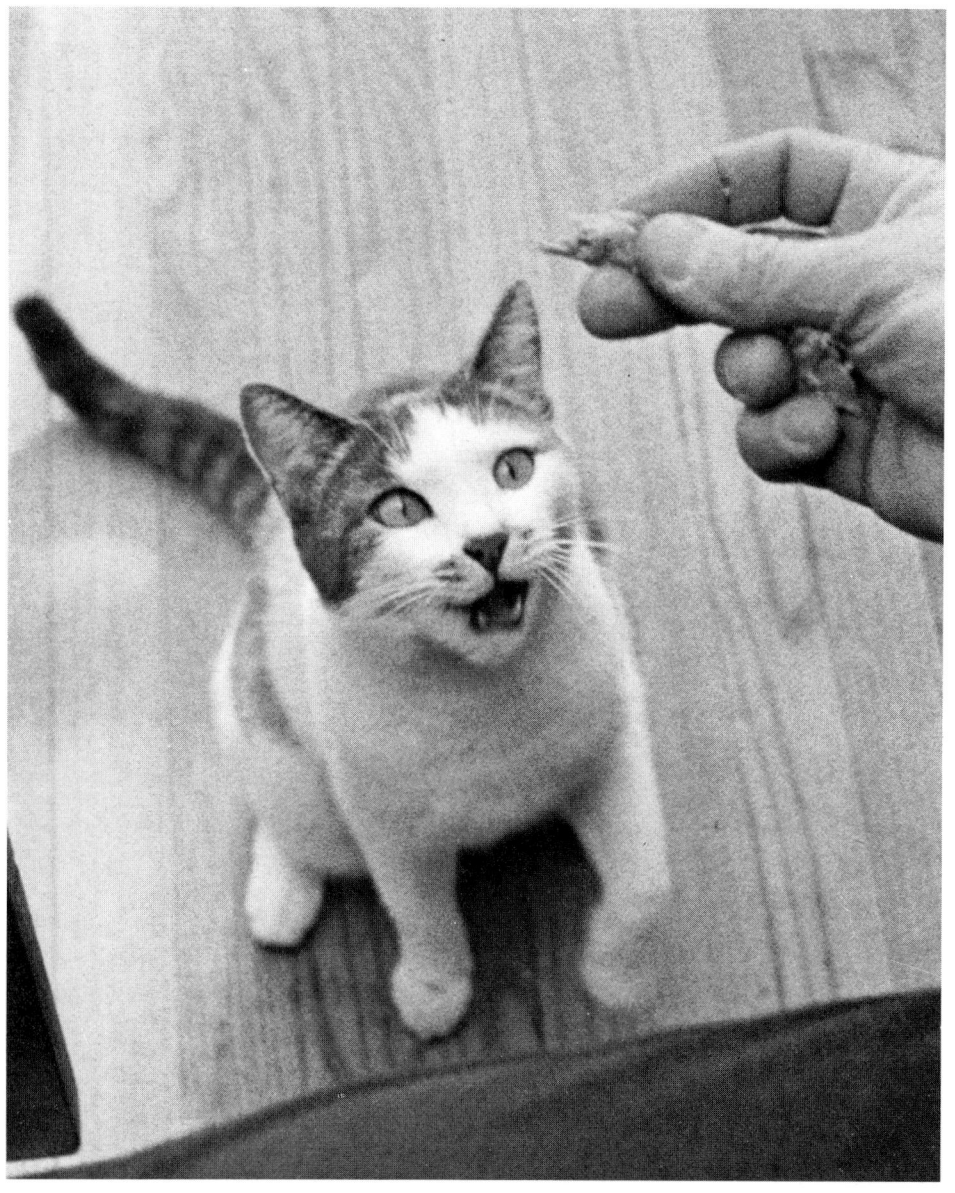

Sanftes Anstoßen ...

Jetzt weiß er, daß du ein bißchen von dem möchtest, was er ißt. Aber du bist deswegen nicht aufdringlich. Nein, du behandelst es als kleines Geheimnis gegenseitigen Verstehens.

Warte. Sei bloß nicht hastig. Überrumple deinen Mann nicht, du riskierst sonst, das Spiel zu verlieren. Wenn eure Augen einander wieder begegnen, gib ihm ein weiteres stummes Miau, schau unendlich sehnsüchtig drein, beobachte seine

Reaktion. Fängt er schnell an, mit der Frau oder einem Kind über etwas Gleichgültiges zu sprechen, so hat er verstanden, und er ist verwirrt.

Jetzt mußt du etwas vom Schwierigsten und Tapfersten tun, was du im Lauf eurer Beziehung je wirst tun müssen. Du mußt dich erheben, vom Tisch weggehen und auf deinen Stuhl zurückkehren. Glaub mir, kleine Katze, selbst wenn dir dadurch ein fantastisch gutes Bißchen Essen entgeht, lohnt es sich. Und überhaupt, sie kochen das ein andermal wieder. Jetzt kommt er sich wie ein sehr, sehr schlechter Kerl vor. Er wußte, du hättest gern ein Stückchen gehabt. Es hätte in seiner gottgewollten Macht als liebender Vater gestanden zu geben, und er hat nicht

... der Erfolg ist dir gewiß: sie geben jedesmal nach.

gegeben. Warum nicht? Wegen seines eigenen göttlichen Gesetzes. Aber wer hat das Gesetz gemacht? Er, der Gott. Nun, da er ein Gott ist, kann er tun, was ihm beliebt, und das Gesetz aufheben. Ahnst du jetzt, welch großartige, nutzbringende Verwirrung du in ihm angerichtet und welche Unsicherheit du in Gang gesetzt hast?

Vielleicht wartest du mehrere Tage vor dem nächsten Zug, bis etwas besonders Feines auf den Tisch kommt: Huhn oder Fasan oder Wachteln (ich nehme natürlich an, du eroberst nur einen Haushalt, in dem solche Leckerbissen serviert werden).

Du wiederholst deine Vorstellung: ein bis zwei stumme Miaus, damit er in die richtige Stimmung kommt, und wenn er nicht reagiert, langst du still hinauf und stupfst ihn mit der Pfote am Knie oder am Ellbogen. Aber laß dabei um Gotteswillen deine Krallen drin. Mancher gute Mann ging durch bloße Gedankenlosigkeit verloren; wenn du eine Nadel in sein Bein stichst, erntest du bloß ein «Zum Kuckuck, Pussy, laß das! Nein! Geh weg!». Aber ein sanfter Stupfer macht die Sache zwischen euch beiden intimer und läßt, gerade wegen seiner Sanftheit, ahnen, daß du dich beinahe nicht mehr beherrschen kannst. Wie lange will er dich noch so quälen? Ihr seid doch so gute Freunde, er und du.

Wenn du alles richtig gemacht hast, ist jetzt Erfolg in Sicht. Ein verstohlener Ausdruck tritt in seine Augen. Er schaut um den Tisch, was die andern gerade machen, und fängt an laut zu sprechen, oder er schimpft eines der Kinder aus wegen seiner Tischmanieren, um die allgemeine Aufmerksamkeit dorthin zu lenken und zu verdecken, daß seine Hand ein Stück Essen vom Teller stibitzt hat und jetzt auf dem Weg zu dir ist.

Nützt das Stupfen nichts, weil sein Charakter etwas stärker ist und er sich noch nicht ergeben will, wende die letzte Phase der Behandlung an. Keine stummen Miaus mehr und keine Stupfer. (Wiederholung nützt, wie ich schon sagte, nichts in der Auseinandersetzung mit Menschen, sie irritiert nur.) Bleib ruhig zu seinen Füßen sitzen, wo er dich sehen kann, und folge mit Augen und Kopf jeder Bewegung der Gabel vom Teller zum Mund. Die Augen allein genügen nicht, Kleines. Du mußt richtig den Kopf drehen mit Schwung und Rhythmus. Das wird ihm bald auffallen.

Das versagt sehr selten. Denn jetzt denkt er, du habest ihm still und diskret, mit deinem stummen Miau, mitgeteilt, was dir fehlt, nur ihm allein. Und still und mit derselben Diskretion hat ihm das Stupfen gezeigt, wie weit du zu gehen bereit bist. Du bist abgewiesen worden und findest dich mit deinem Schicksal ab, aber da du nur untermenschlich bist, scheint dein Verlangen immer noch durch.

Eins – zwei, eins – zwei, auf die Gabel, in den Mund, der Kopf folgt, die Augen flehen ... wenn der Mann überhaupt ein Mensch ist, wenn er je die Mühe lohnte, erzogen zu werden, fühlt er sich jetzt als Schwein – kleinlich, engherzig, gierig, geizig –, weil er jemand Kleinerem, Schwächerem, vollständig von ihm Abhängigem etwas vorenthalten hat, das er so leicht hätte gewähren können. Es wäre so einfach, aus dieser unglücklichen, unbequemen Stimmung herauszukommen, wenn er bloß – warte! Paß jetzt auf! Da, er hat verstohlen etwas über den Tellerrand gekippt, hält es versteckt in der hohlen Hand, und hier kommt es leis näher und näher – sei nicht so blöd, jetzt die Beherrschung zu verlieren und alles zu verderben. Kein gieriges Zuschnappen!

Im Gegenteil. Dies ist der Augenblick, erlesene Umsicht und viel Takt zu beweisen. Nimm das Geschenk sanft und zärtlich von seinen Fingern und verzieh dich sofort unter den Tisch damit. Schlinge, kaue, schmatze nicht, sondern vertilge es lautlos. Falls er einen Augenblick lang seine Schwäche bereut, hast du ihm gezeigt, daß das Geheimnis bei dir sicher ist und sein Vergehen nicht sofort mit Gesichtsverlust bestraft wird. Er ist dir dankbar und zu weiterer Zusammenarbeit aufgelegt.

Ist der erste Schritt einmal getan und hat er das gottähnliche Gefühl heimlicher Barmherzigkeit einmal erlebt, wird er immer wieder fallen, jedesmal schneller als das letzte Mal, bis er sich sicher fühlt. Er wird unbesorgter. Andernfalls kannst du die Sache ans Licht bringen, indem du deinen kleinen Happen drüben bei der Anrichte laut ißt, wo dich jedermann sehen kann. Früher oder später ruft dann die Frau empört: «John! Hast du der Katze was vom Tisch gegeben?»

Aber das wird dann nichts mehr ausmachen. Er ist sein Doppelspiel jetzt völlig gewöhnt und kann gar nicht mehr anders, er wird höchstens ein bißchen schief lachen und bedeppt antworten: «Ich habe sie ja nur kosten lassen», oder: «Sie sah so hungrig aus», oder: «Schließlich ist es meine Katze, nicht?», und du bist am Ziel. Von da an füttern dich alle vom Tisch.

Sei stets graziös

Zu den wichtigsten Mitteln, mit denen man eine Familie ganz und gründlich unterjochen kann, gehören die Haltungen. Posen, Ausdruckswandel, Spiel des Körpers und des Gesichts, all das gehört zur Fähigkeit, stets und jederzeit anziehend zu sein, einladend, verführerisch, faszinierend, fesselnd, bezaubernd, anmutig, reizend, zauberhaft, attraktiv, interessant, liebenswürdig, gefällig, schön und süß.

Ich habe das Wort «Anthropomorphismus» schon mehrmals gebraucht und erklärt, was es mit Bezug auf uns bedeutet. Bei Haltungen spielt es eine besonders große Rolle, denn die meisten Leute sehen uns gar nicht als Katzen, sondern als eine Art von vierbeinigen, pelztragenden Menschenwesen und in mysteriöser Weise als Erweiterung ihres Selbst.

Und diese ausnehmend günstige Einstellung sollst du ihnen erhalten, wenn du kannst. Je mehr sie dich für etwas anderes halten als du bist, desto weniger wahrscheinlich wird es, daß sie deine Geheimnisse ausspähen und merken, was du wirklich bist. Natürlich sollst du darin nicht so weit gehen, daß du als Baby angesehen und behandelt wirst, aber du kannst und sollst sie in der Ansicht bestärken, du seist ein Familienmitglied mit allen Rechten eines solchen und stehest auf jeden Fall rangmäßig weit über den Dienstboten. Menschen behandeln sich selbst sehr gut, sie versagen sich kaum etwas, sie verwöhnen sich häufig, und wenn sie dabei sind, ist es wichtig, daß du in diesem Augenblick nicht als Katze, sondern als einer von ihnen betrachtet wirst. Irgendein Familienmitglied soll ganz automatisch sagen: «Pussy muß auch was haben . . .»

Sie werden dein Mienenspiel ganz falsch auslegen, aber das spielt keine Rolle. Sie werden sagen: «Pussy lacht, Pussy runzelt die Stirn, Pussy ist besorgt, Pussy denkt nach, Pussy ist böse, Pussy versucht sich an etwas zu erinnern . . .» Dein «Lächeln» war vielleicht nur die leichte Öffnung deines Mundes zum Luftschnappen, dein «Lachen» ein Gähnen, das Stirnrunzeln eine kurze Anfrage deiner Eingeweide, aber solange sie so denken, wie sie es tun, wirkt sich alles zu deinen Gunsten aus.

Ohne Zweifel sind wir die graziösesten aller Tiere, und das halte dir stets gegenwärtig bei allen Haltungen und Posen, die du einnimmst: wenn du dich hinlegst, sitzest, gehst, dich wäschst, schläfst, spielst und jagst. So sind deine Leute dauernd entzückt und bezaubert und haben keinen Moment Zeit, die Situation zwischen ihnen und uns zu im wahren Licht zu sehen, nämlich das Ausmaß , in dem wir sie und ihr Heim unterjocht haben.

Menschen sagen zueinander: «Halt die Ohren steif», aber ich sage dir: «Halt den Schwanz steif aufgerichtet», besonders wenn du gehst. Frag nicht warum, das ist ganz einfach eine Erfahrungstatsache: der bei einem Ausflug hoch erhobene Schwanz scheint auch die Gemüter der Menschen zu erheben.

Schlafhaltungen sind ebenso wichtig wie diejenigen des Wachzustandes, und das bedeutet, daß du die Aufgabe, deine Menschen verknallt zu erhalten, sogar fortführen kannst, wenn du ruhst. Die Stellungen, die wir beim Schlafen einnehmen – entweder eingerollt oder hingekauert mit untergeschlagenen Pfoten oder flach auf der Seite mit weit ausgestreckten Beinen oder auf dem Rücken liegend mit lose hängenden Pfoten – wirken auf Menschen entspannend, und es tut ihnen gut, uns so anzuschauen. Sehr wirkungsvoll ist es, eine Pfote über die Nase oder beide Pfoten über die Augen zu legen. Zu empfehlen ist es auch, den Kopf auf eine Vorderpfote zu legen. Rückenlage begeistert sie unfehlbar, besonders, wenn wir dabei in ihrem Schoß liegen.

Bei deinen Posen und Haltungen in wachen Zeiten denk an den Hintergrund. Ein Haus und eine Familie zu erobern ist ja kein reines Zuckerlecken, das habe ich nie verhehlt, man muß schon etwas arbeiten oder wenigstens das Hirn, mit dem man geboren wurde, gebrauchen. Es gibt Dutzende von Hintergründen, vor denen du hinreißend aussiehst: ein bunter Teppich, ein Spiegel, eine elegante Treppe, die Zweige eines Baums, der Rahmen eines Fensters, eine Nische, ein Kissen, ein Kaminsims, zwischen Nippsachen, auf einem kontrastfarbenen Pelzmantel, in einer offenen Tür. An dir ist es, sie zu lernen, zu finden und auszunützen.

Nie, nie, NIE laß dich in einer ungelenken oder würdelosen Pose erwischen, bei der du ausgelacht werden kannst. Glaub mir, es dauert tagelang, bis du wieder dein Prestige erobert hast, wenn du einmal ausgelacht worden bist. Amüsiere sie, so daß sie mit dir lachen, aber niemals so, daß sie dich auslachen. Das bedeutet, daß du stets alle deine Haltungen und deinen Körper völlig beherrschen mußt. Spring niemals, wenn du nicht hundertprozentig sicher bist, daß du es schaffst; du könntest sonst stürzen und fast dein Rückgrat brechen beim Versuch, dich im Fall zu drehen – nur um sie im Glauben zu lassen, wir fielen stets auf die Füße. Laß dich nie auf etwas ein, das du nicht vorher gründlich ausprobiert hast. Denn wenn du dich lächerlich machst, machst du irgendwie auch sie lächerlich.

Selbstverständlich kennst du den Unterschied zwischen einer Wäsche zum Sauberwerden und einer für die Schau. Du brauchst dich nicht zu genieren, dich nach dem Essen zu putzen; man erwartet das von dir, und du kannst das beliebig gründlich machen ohne Sorge, wie du dabei aussiehst. Aber wenn du dich waschen willst, um Aufmerksamkeit zu erregen, um das Thema zu wechseln, um eine Verlegenheit zu überwinden, um deine Empfindungen anzudeuten oder zu unterstreichen, dann mußt du das mit feiner Berechnung und in hübschen Posen tun. Ich empfehle dafür die sitzende Stellung, mit leicht abgedrehtem Kopf und mit einem Ausdruck höchster Konzentration, wobei du weitausholend deine Schulter ein paarmal leckst. Das ist eine sehr graziöse und charmante Geste, die unfehlbar die Zuschauer in Bann schlägt.

Eine ebenfalls sehr wirksame Wäsche für Zuschauer besteht darin, daß du dich längelang auf einen Teppich in der Zimmermitte legst und über die Schulter hinweg leckst. Vier, fünf Lecker, mehr braucht es nicht, bis alle dich anschauen und sogar von dir reden. Sind Gäste da, so fangen sie an, über ihre Katzen zu reden, und deine Leute sprechen von dir, wobei sie ihrer Phantasie freien Lauf lassen. Je mehr solche Erzählungen du provozierst, desto besser, denn am Ende glauben sie ihre eigenen Geschichten.

Du brauchst nicht an deine Haltungen zu denken, wenn du spielst oder eine Maus in der Wiese belauerst oder eine tote herumwirfst, denn bei solchen Gelegenheiten – ja eigentlich praktisch immer – bist du von Natur so graziös, daß du sie unfehlbar bezauberst. Manchmal widmen sie dir auf diese Weise Stunden, indem sie eine künstliche Maus oder ein bißchen Papier über den Boden ziehen oder über dir herumbaumeln lassen, damit du hochspringst und mit den Pfoten zuschlägst.

Oft haben sie Freude daran, dich zu fotografieren. Es gibt Bilder von uns, wie wir springend in der Luft sind, und du wirst überrascht und erfreut sein zu sehen, wie anziehend du unter diesen Umständen aussiehst. Wenn du je Gelegenheit hast,

Entspannt euch, alle!

Eine kleine Blähung

solche Bilder anzuschauen, tu es. Nicht nur um allfällige Fehler deinerseits festzustellen, sondern um des reinen Vergnügen willen, zu sehen, wie perfekt du Form und Technik in der Luft beherrschest.

Eines mußt du aber beim Thema Haltungen und ihre Wirkung auf Menschen bedenken: solang du noch jung bist, ein kleines Kätzchen, kannst du dich anstellen, wie du willst, kannst in gleich welche Schwierigkeiten und absurden Situationen kommen, ohne an Würde zu verlieren. Sie sagen bloß, du seist süß, und das werden sie oft von dir sagen, bis du zu groß dafür bist. Es macht dann noch gar nichts, wenn sie dich auslachen, denn du stiehlst dich so in ihr Herz und festigst deine Stellung. Du kannst in die Fächer eines Schreibtischs kriechen, in die Mehldose fallen, in Papierkörben herumkrabbeln, aus Kartonschachteln purzeln, auf Stuhllehnen das Gleichgewicht verlieren, Gittertüren emporklettern, dich in elektrischen Kabeln verfangen, aus dem Bett herunterrutschen, auf blankgebohnerten Böden schlittenfahren, dich ganz und gar in Packpapier einwickeln oder eine Blumenvase umstoßen. Mach dir keine Sorgen, wenn du etwas zerbrichst, Wasser verschüttest oder dich mit Mehl, Tinte oder Farbe verschmierst. Sie

Ich lache? Unsinn, ich gähne doch

Ich, doppelt – noch besser als einfach

können dir nicht böse sein, und du hast schnell heraus, welcher deiner Kinder-
streiche ihnen am meisten Spaß macht.

Eigentlich wollte ich auch ein Kapitel «Gesten» schreiben, aber davon gibt es nicht
viele, und ich kann sie ebensogut gleich mit den Haltungen behandeln. Ich
verstehe darunter Dinge, die du aktiv tust, anstatt, wenn du etwas zu verstehen
geben oder auch nur dein Image verstärken willst, eine Pose einzunehmen.

Fabelhaft . . .   *. . . fantastisch . . .*

Eine gute Geste besteht zum Beispiel darin, an ihren Knöcheln vorbeizustreichen, hin und zurück, den Schwanz in der Luft und indem du dich gegen sie lehnst. Sie ist besonders nützlich, wenn sie dein Essen vorbereiten, denn du zeigst damit, wie interessiert und glücklich und aufgeregt du bist bei der Aussicht auf Essen. Es schmeichelt ihrer Eitelkeit, und dein Essen wird dann vielleicht sorgfältiger zubereitet, reichlicher und mit feineren Leckerbissen.

... bezaubernd ...   *... bin ich!*

Unbefangen – und großartig

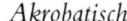

Graziös

Akrobatisch

Zierlich

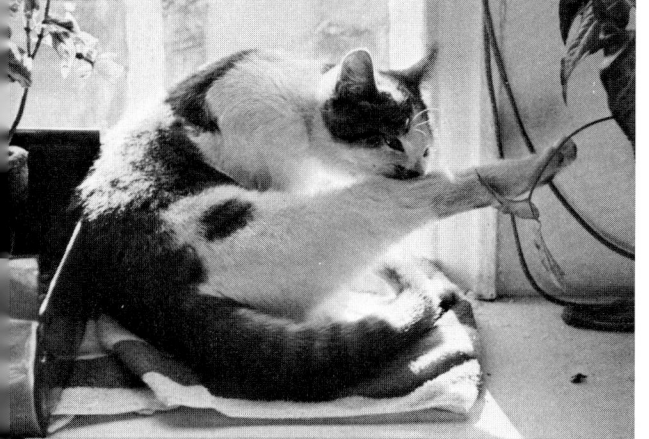

Du brauchst nicht an Haltungen zu denken, wenn du Beute belauerst. Sie werden von selbst exquisit sein.

Leckst du sie ein –, zweimal an der Hand oder an der Wange, so sind sie ganz hin, denn sie wissen nicht, daß es um das Salz auf ihrer Haut geht, das manchmal nicht unangenehm ist. Sie glauben und sagen, du küssest sie, was offenbar ihre Männchen und Weibchen gern miteinander tun. So ein kleiner Lecker tut dir nicht weh und ist unheimlich wirkungsvoll. Das sind auch deine Pfoten, richtig gebraucht. Irgendwie habe ich nie verstehen oder erklären können, warum sie es direkt lieben, deine Füße auf ihrem Gesicht zu haben. Und wenn du es schaffst,

Die Geste, der sie nicht widerstehen können

ihre Wangen, ihr Kinn oder ihre Nase einen Augenblick zwischen beiden Vorderpfoten zu halten, oder ein oder beide Vorderbeine um ihren Hals zu winden, sind
sie vor Glückseligkeit richtig außer sich, besonders wenn du lernst, deinen Kopf
gegen ihre Wange zu reiben und ein bißchen zu schnurren. Du machst das
natürlich nur, weil es dich juckt und die Reibung dir angenehm ist, aber sie
nehmen das als Beweis einer ausschließlich ihnen geltenden Liebe und fühlen sich
praktisch verlobt mit dir.

Aber wenn du einmal eine Geste machen willst, die sie vor Rührung schmelzen
läßt und deine Stellung festigt, schenk ihnen eine tote Maus.

Sie werden sich gebärden, als hättest du ihnen eine Villa, eine Million Dollar,
einen Rolls-Royce und einen Nerz für die Dame des Hauses gebracht. Sie rufen
ihre Freunde an und erzählen es, erwähnen das Geschenk an Einladungen und
schreiben Leserbriefe darüber an die Zeitungen.

Für eine Stadtkatze ist es allerdings infolge der modernen sanitären Einrichtungen
und der Wohnblöcke schwierig geworden, eine anständige Maus zu finden. Aber
wenn du auf dem Land lebst, mach unbedingt von dieser Geste Gebrauch.

Frag mich nicht, warum sie so ungeheuer wirkt auf die Menschen. Wahrscheinlich hat es etwas mit der Legende zu tun, daß wir gerne Mäuse essen, und so sieht
es aus, als wenn wir ein herzzerreißendes Opfer brächten, indem wir ihnen unser
Essen schenken. Natürlich wissen wir, daß Mäusefangen reiner Sport ist und wir
Hauskatzen, wenn wir nicht im Begriff sind Hungers zu sterben, ebensowenig
eine kosten würden wie sie nach der Fuchsjagd den Fuchs äßen. Die feine Sache
ist, für sie spielt es keine Rolle, wenn du ihnen eine schon stark gebrauchte Maus
bringst, mit der du gespielt hast. Jede Maus, zu jeder Zeit, kippt sie aus den
Socken.

Kapitel 8

Das Spiel mit den Türen

Du kannst lernen, eine Türe selbst zu öffnen

Türen werden in jedem Haus, in dem du wohnst, ein Problem sein, und du mußt ganz einfach lernen, mit ihnen fertigzuwerden, das heißt, deine Leute zu erziehen, daß sie jederzeit alles fallen lassen, um dich herein- oder hinauszulassen.

Wenn du Glück hast, hast du eine Familie in Besitz genommen, die so katzenbewußt und so erfinderisch ist, daß sie dir in der Haustüre unten so eine patente Sache anbringen, die es dir erlaubt, nach Belieben zu kommen und zu gehen.

Das ist natürlich rundherum ideal, besonders für uns; so können wir nachts ausgehen, ohne eine Menge Fragen und Ermahnungen anhören zu müssen. Aber das löst nicht das Problem der Innentüren – Türen von Zimmern, Schränken, Kellern, Dachböden etc. Was du von Anfang an durchzusetzen versuchen mußt, ist die Regel, daß diese Türen immer offenstehen sollten. Bei Türen, die von einem Zimmer in ein anderes oder in den Korridor führen, wirst du etwas Schwierigkeiten haben, denn der Herr des Hauses wird sich über Durchzug beklagen. Nicht einzusehen ist aber, warum Schranktüren geschlossen bleiben sollten.

Du kannst auch schnell lernen, selbst eine Tür zu öffnen, besonders wenn sie eine Klinke hat: du stellst dich auf die Hinterbeine und läßt dein Gewicht wirken. Der runde Türknopf ist etwas schwieriger, aber wenn du voll erwachsen bist und dein Erwachsenengewicht hast, kannst du daran so lange stoßen und ziehen, bis er sich genügend dreht, um das Schloß zu öffnen.

Doch wenn du das gelernt hast, laß deine Familie unter keinen Umständen wissen, daß du es kannst. Es ist ihre Aufgabe und ihr unbestrittenes Recht, daß sie

jederzeit für dich auf Wunsch Türen öffnen und schließen, und du wirst deine eigene kleine Fertigkeit für dich behalten für Notzeiten, wenn du etwa in einer Bodenkammer eingeschlossen bist oder man dich nicht ausgehen lassen will.

Um hineinzukommen, kratz an der Türe und gib ein schön langes Miau von dir, dann wird jemand aufmerksam. Drinnen genügt es, wenn deine Leute richtig erzogen sind, daß du dich neben eine Tür setzt und diese anschaust. Hilft das nicht bald, dreh dich und schau die Menschen an. Wenn sie mit irgendetwas beschäftigt sind, miaue in der Art, die sie als ungeduldig erkennen. Was immer du tust, denk daran: wenn du ihnen einmal klargemacht hast, daß du hinauswillst, laß sie nie erst fertigmachen, was sie gerade tun. In jedem gutgeführten Haushalt kommst du zuerst.

Hinaus!   *Hinein!*

Kapitel 9

Weihnachten – unser Raschelfest

Weihnachten ist bei Menschen ein Familienfest, bei dem Geschenke ausgetauscht und enorme Mengen Nahrung vertilgt werden. Es wird auch eine Tanne ins Haus gebracht und mit einer Menge glitzernder Dinge dekoriert. Mit ein wenig Entschlossenheit und Festigkeit kannst du draus sehr wohl *dein* Fest zu *deinem* Vergnügen machen, das so abläuft, wie *du* willst. Es ist nicht ungewöhnlich, daß Mutter oder Vater an Weihnachten zu den Kindern sagt: «Wir können die Pakete noch nicht aufmachen, Pussy ist noch nicht da.» Das ist eine wohlerzogene Familie.

Denn Pakete öffnen ist der fabelhafteste Spaß für uns: sie sind alle in großartig raschelndes Papier eingewickelt und mit farbigen Bändern umwunden. Beim Auspacken können wir uns im Seidenpapier wälzen, damit Verstecke aufbauen und es in kleine Stücke zerfetzen und mit den Bändern spielen. Manche Sachen sind in Pappschachteln verpackt; in die setzen wir uns sofort und erklären sie, wenn wir wollen, zu unserem Eigentum. Abgesehen von Geschenken, die uns zugedacht sind, wie Stoffmäuse, Pingpongbälle und andere Spielsachen, können wir auch die Geschenke aller andern beschnuppern und damit spielen.

An Weihnachten sind die Menschen verfressen; sie waren es in jeder Familie, die ich kennenlernte. Auch für uns sollte es eine Zeit des Vielessens sein, sogar zweifach, denn wir können uns unser Teil bei der Vorbereitung *und* bei den Mahlzeiten sichern. Man kann die Truthahnfüllung kosten oder ein kleines Stück Leber ergattern, wenn die Herrin des Hauses weihnachtlich gestimmt ist. Und die Weihnachtsstimmung, weißt du, besteht auch in liebevoller Güte, zu der alle Familienmitglieder aufgelegt sind. Du kannst dir da Dinge leisten, die zu einer anderen Zeit niemals geduldet würden, und wenn du deine Familie noch so gut dressiert hast.

Natürlich ist es undenkbar, daß die Menschen am Tisch Truthahn essen und du keinen bekommst. Sorg dafür, daß man mit dir teilt, es ist dein gutes Recht. Ein weiser Ratschlag: Iß nicht soviel, bis daß du dich auf dem Teppich übergeben mußt. Das macht dich nur unbeliebt und verdirbt einen genußreichen Tag. Am Ende der Mahlzeit gibt es ein höchst unverdauliches Gericht, genannt Plum Pudding. Ich rate dir mit Nachdruck, rühr ihn nicht an.

Aber die größte weihnachtliche Wonne, eigens für dein Ergötzen errichtet, ist der Baum mit seinem vielen bunten Schmuck, wovon einige Stücke in Reichweite deiner Pfoten hängen. Heb die Pfote hoch und schlag sie, und sie schaukeln höchst aufregend hin und her, und das ruft nach noch mehr Schlägen und schließlich einem Zupacken. Da sind auch glitzernde Girlanden, die einladend herunterhängen, Schokoladefiguren, Glasvögel und alle möglichen interessanten Dinge, als ob die Hersteller sich nächtelang den Kopf zerbrochen hätten, was Katzen und Kätzchen am meisten gefällt. Damit sie hübsch im Licht spielen, sind viele dieser

Weihnachten kannst du mit Leichtigkeit zu deinem Fest machen

Aber klar wurde der Christbaumschmuck für mich gemacht ...

Dinge aus allerdünnstem Glas, sie zerbrechen sehr leicht. Aber keine Bange, dort, wo sie herkommen, gibt es noch eine Menge. Du darfst mit dem Baum und allem, was daran hängt, nach Herzenslust spielen und sogar hinaufklettern, wenn er groß genug ist und du Lust dazu hast. Das wird eine interessante und wichtig aussehende Pose, solange du den Baum nicht umwirfst, denn das verursacht ein

... und es ist mein Recht, damit zu spielen ...

... es gibt ja noch Massen davon.

*Einwickelpapier ist das
Allerlustigste*

ziemliches Durcheinander. Wenn sich beim Spiel mit einem Schmuckstück deine Kralle in einem Zweig verfängt und du den Baum umreißest, geh einfach unter die Couch und versteck dich da, bis jemand kommt und den Baum wieder aufstellt. Vergiß nie, «im Zweifel für den Angeklagten» ist eine wesentliche Regel für alle Richter. Wenn dich niemand gesehen hat, können sie *dich* ja auch nicht befragen, und du brauchst nicht einmal zu lügen. Sie haben dich vielleicht im Verdacht, aber sie können nichts beweisen.

Die Weihnachtsstimmung dauert etwa vom 23. Dezember bis zum 27., manchmal bis Neujahr. Begeh niemals den Fehler, nach diesen Daten auch nur Spuren davon ausnützen zu wollen. Wenn du weise bist, vermeidest du es ein paar Wochen lang besonders sorgfältig, den Hausherrn zu ärgern. Dann ist nämlich die Zeit der Rechnungen.

Frohe Weihnachten euch allen, die ihr dieses großartige und genußreiche Fest noch nie erlebt habt.

Kapitel 10

Reisen will gelernt sein

Ein Wort über Reisen. Wenn du es, wie es sich gehört, fertiggebracht hast, daß deine Familie sich dir verpflichtet fühlt, werden sie dich nicht zurücklassen wollen, wenn sie ausfliegen, besonders nicht, wenn du ein bißchen gute Manieren bewiesen hast, wie ich sie dir in früheren Kapiteln meines Buches beigebracht habe. Es gibt eine ganze Anzahl von Transportarten – z.B. Dampfer, Bahn, Flugzeug – und einige davon sind mit ziemlich erschreckendem Lärm und Gestank verbunden. Sogar wenn du weißt, daß du mitdarfst, wirst du nicht umhin können, dich gegen das Verpacktwerden in einen Katzentransportkorb zu wehren, denn wir neigen alle zu Klaustrophobie und können es nicht ertragen, an engen Orten eingesperrt zu werden. Bist du intelligent, so überwindest du deine Furcht und bist dankbar für die Sicherheit während der Reise, denn alles geschieht ja zu deinem Schutz. Du kannst zwar nicht hinaus, dafür kann aber auch niemand

Mir macht niemand was vor

herein. Du bist so sicher wie eine Maus in ihrem Loch, selbst wenn du sogar ein Weilchen im Gepäckwagen reisen mußt; niemand kann dich mit schmutzigen Händen anfassen oder dich herumnudeln. Hauptsache, man hat dich nicht zurück- gelassen. Was immer sie benützen wollen, Katzenboxe, Korb, kleine Handtasche, laß es dir gefallen. Es ist nicht der Moment, deine Überlegenheit zu beweisen. Denk daran, auf Reisen müssen die Menschen alle möglichen Regeln beachten, die sie nicht selbst aufgestellt haben. Wenn du mitreisen willst, tu es still und gefaßt. Anders ist es, wenn du sie im Auto begleitest. Da kannst du vielleicht erreichen, daß sie dich auf dem Rücksitz reisen lassen (das läßt sich leicht bewerkstelligen. Sei bloß beim ersten Mal nicht hysterisch, und wenn die Reise lang ist und sie dich hinauslassen, damit du duweißtschonwas machen kannst, so ist das nicht der Moment für Spiele und Verschwinden): dann wirst du eine großartige Aussicht auf alles haben, was sich tut. Du kannst sogar lernen, ruhig quer auf den Schultern des Fahrers oder eines Mitfahrers zu liegen, das ist bequem, und man ist nicht so allein. Das ist die schönste Reiseart, die sie erfunden haben.

Ich könnte das Auto selber lenken,
wenn ich Lust dazu hätte

Kapitel 11

Ein weißer Kater – und die Folgen

Ich lernte einen rein weißen Kater kennen …

… und verliebte mich wahnsinnig in ihn

Was er mir alles für Sachen sagte!

Mutterschaft ist die herrlichste Sache, die es gibt. Ich hab' Junge gehabt und möchte dieses Vergnügen um nichts in der Welt verpaßt haben. Ich bin voll dafür, und niemand erwischt mich bei einem Wort gegen die Mutterschaft, vorausgesetzt, daß jemand anders, nicht ich, den nächsten Wurf hat und damit die Schwierigkeiten und die Anstrengung, die Kleinen aufzuziehen und dafür zu sorgen, daß sie irgendwo unterkommen.

Natürlich muß es Katzenkinder geben, sonst stürben die Katzen aus, aber es gibt viele andere, die ihre Zeit gern mit der Produktion verbringen, und ich finde, überlassen wir ihnen das. Es ist nichts für mich und auch nichts für dich, wenn du eine Chefkatze sein und eine Menschenfamilie so führen willst, daß du auf deine Rechnung kommst.

Junge können jeder von uns zustoßen, und wenn das dir passiert, die du dieses Handbuch gelesen und beherzigt hast, nimm es als eine vom Katzengott gesandte Gelegenheit, alles Gelernte deinem Nachwuchs beizubringen, der wiederum seine Kinder lehren wird, bis unsere Herrschaft über die Menschen so weit verbreitet ist, daß wir die Herren der Welt sind, wie sich das gehört.

Eins führte zum anderen

Aber bedenken mußt du auch deine Stellung als regierende Hauskatze. Du hast es soweit gebracht, daß alles wie am Schnürchen läuft, die ganze Routine spielt zu deinen Gunsten, deine Menschen sind eingelullt und mit ihrem Los zufrieden. Da plötzlich wirfst du alles über den Haufen, indem du eine Handvoll winziger, hilfloser Kreaturen produzierst.

Nichts hassen Menschen mehr als eine Störung oder Änderung der gewohnten Ordnung, und glaub mir, ein Wurf Kätzchen ändert eine ganze Menge. Plötzlich wird den Leuten bewußt, daß du da bist, sie müssen vorsichtig gehen, um nicht auf etwas Weiches, Pelziges zu treten, das unter ihre Füße geraten ist, sie können sich auf keinen Stuhl mehr setzen, ohne zuerst hinzuschauen, und sie müssen später für die Neuankömmlinge gute Plätzchen finden. Die bevorstehende Geburt beunruhigt sie – die Menschen machen eine fürchterliche Geschichte um diesen

Und das ist das Ergebnis. Das erste

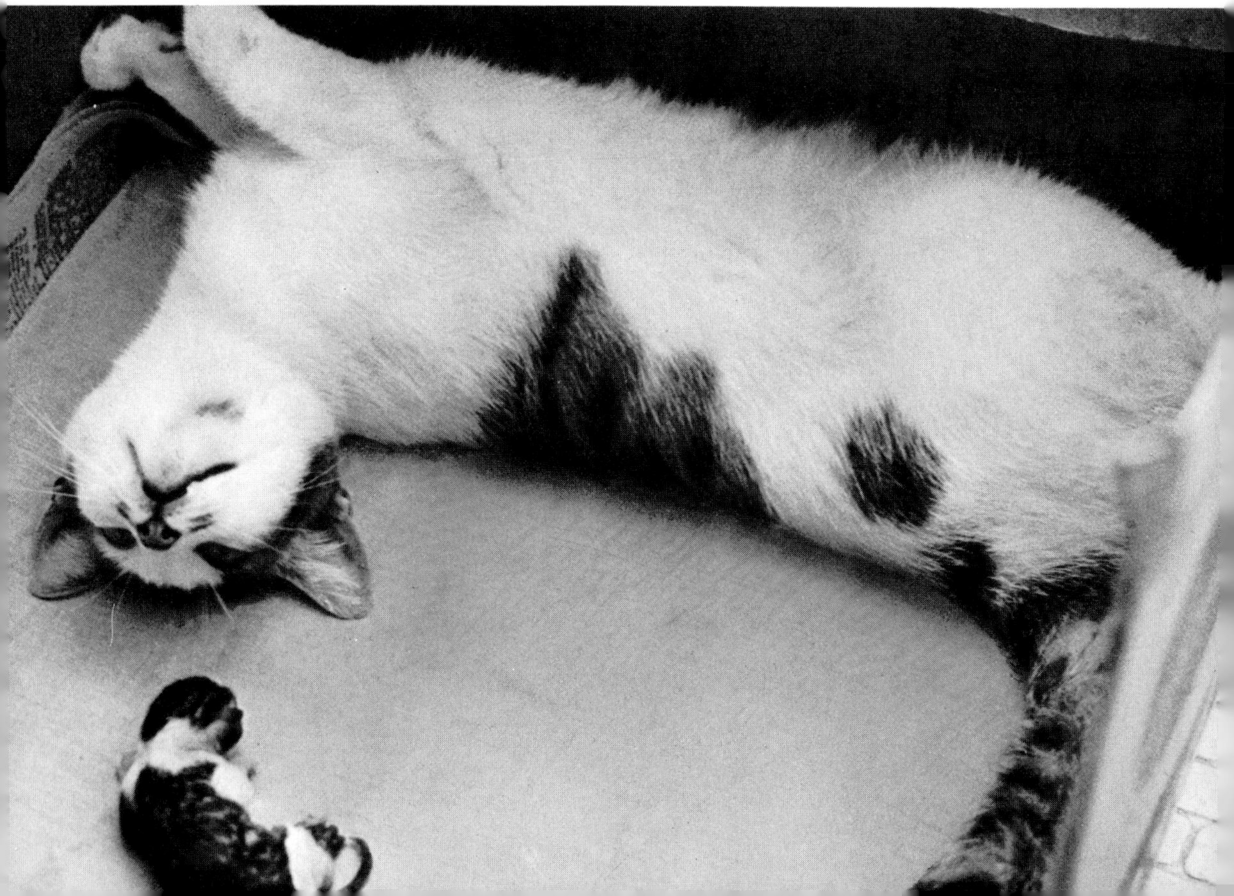

Vier! Du wärst auch erschöpft

Richtig! eines ist ganz der Vater

einfachen Vorgang. Kinder, wenn welche da sind, stellen unbequeme Fragen; gewöhnlich ist eins der Jungen so schwach, daß es mit einer Pipette gefüttert werden muß; Katzenbetten und -Boxen müssen an warme Orte gebracht werden – ganz allgemein steht alles Kopf, und das ist deine Schuld. Bei ihrem heißen Bemühen, geeignete Familien für die Kätzchen zu finden, fragen sie sich vielleicht plötzlich, wie wohl ihr Leben wäre, wenn überhaupt keine Katze im Haus wäre. Und wenn sie einmal darüber nachzudenken anfangen, bist du vielleicht schon halb draußen.

Ich sage nicht, daß du keine Kinder haben sollst. Ich sage bloß, überleg es dir, denk an deine Familie, ihren Haushalt, ihre Lebensgewohnheiten etc. Rein zufällig hat meine Familie gern Trubel und sie fanden mein Wochenbett und die Geburten herrlich aufregend. Erst später zeigten sich gewisse Schwierigkeiten.

Das ist alles schon lange her. Ich war sehr jung und hatte nicht das Glück, ein

Von da an hatte ich kein eigenes Leben mehr
Schnapp dir zwischendurch einen Bissen

Müssen die Leute ihre Nase hineinstecken?

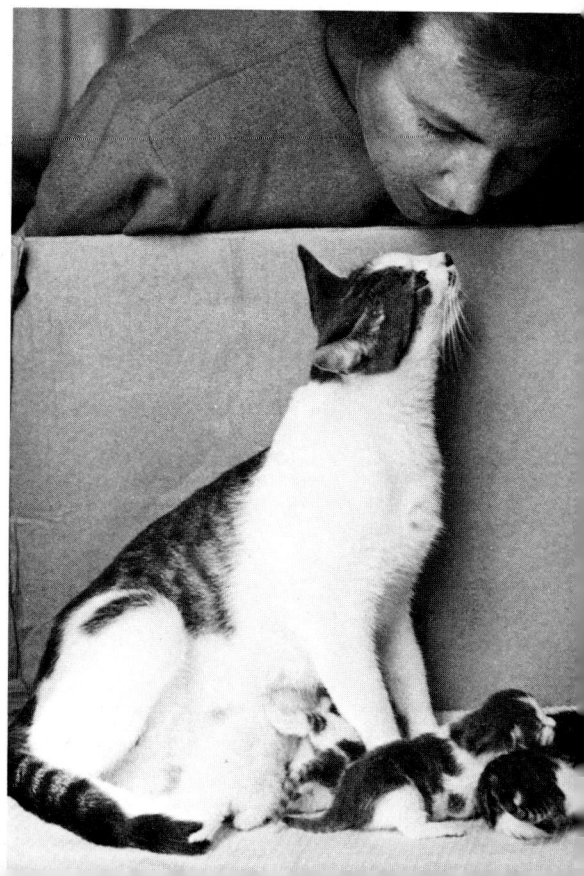

Handbuch wie dieses zu haben, das mir den rechten Weg wies. Ich hatte meinen Mann und seine Frau hübsch am Bändel, der Haushalt lief glatt und friedlich, wie ich wollte, als ich mich verliebte und keinen Moment an die Folgen dachte.
Er war rein weiß, ein wahrer weißer Ritter. Und ein faszinierender Teufel! Ich verlor den Kopf. Was er mir alles erzählte und versprach! Ich war dieses, ich war jenes, ich war einzigartig, ich war der Mittelpunkt seiner Welt.
Daß ich einzigartig bin, war mir schon immer klar, und ich war ohne Zweifel der Mittelpunkt der Welt meiner Menschen. Aber weißt du, es klingt anders, wenn ein Dritter das sagt. Ich hörte ihm zu. Wir machten lange Spaziergänge im Freien. Er redete immer überzeugender. Eines führte zum anderen, und eines Tages . . .
Ich war eine gute Mutter. Ich war wohl die beste Mutter, die es je gegeben hat. Wie könnte ich sonst dieses Buch voll Richtlinien für Junge schreiben?
Tatsächlich hat dank meiner Erziehung jedes meiner Jungen Karriere gemacht, sie

Man muß sie rumtragen

Pose für die Anzeige «Madonna mit Jungen». Ha, ha!

Dann kommen eine Menge Kinder

und schleppen sie herum ...

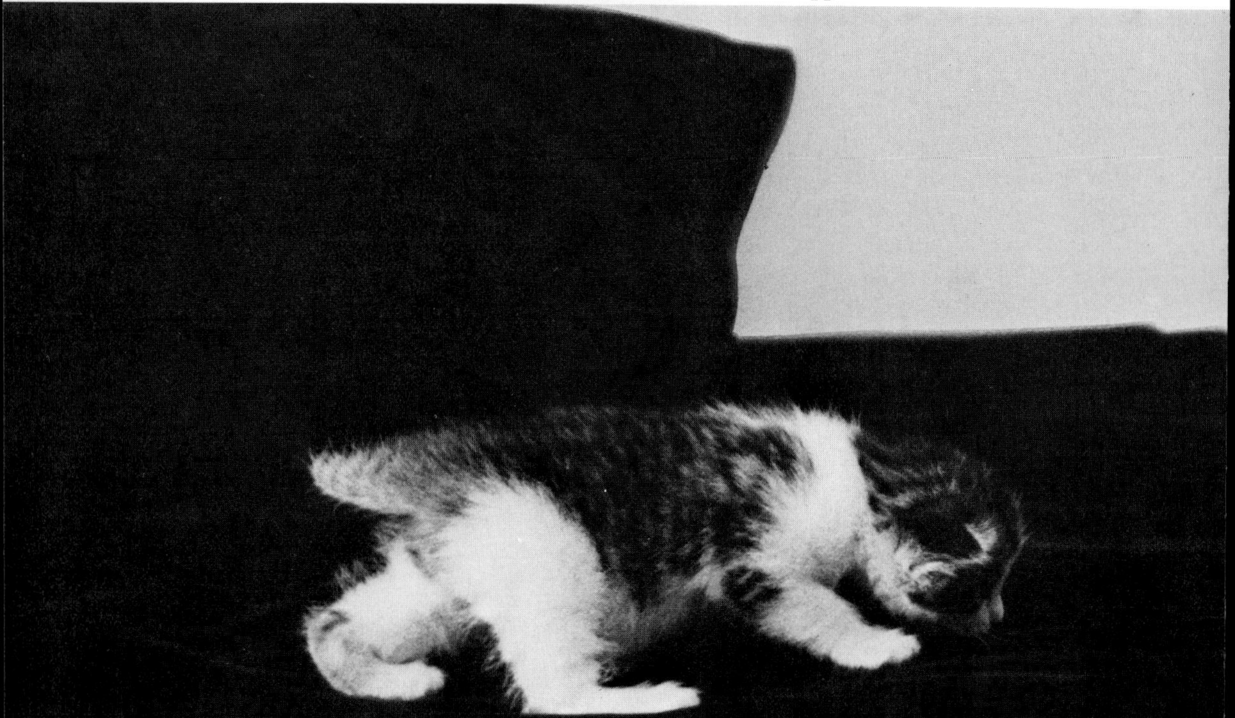

haben sich alle ihre Familie abgerichtet und dienstbar gemacht, wie es sich gehört. Und ich bin stolz auf sie.

Ich genoß es sogar, sie zu haben, inklusive Mutterliebe und all dem Blödsinn und den Sorgen, die mit der ganzen Sache verbunden sind. Ich bot gewiß ein bezauberndes Bild mit meiner Brut um mich herum, wie die Kleinen da saugten oder sich eng an mich kuschelten, aber das ändert nichts an der Tatsache, daß sie manchmal äußerst lästig waren und unser früher so ruhiges, glückliches Zusammenleben beinahe zerstörten.

Nur ein Beispiel, was da so passieren kann: der Mann wurde irrsinnig eifersüchtig wegen der Zuwendung, die ich als amerikanische Mutter meinen Kätzchen natürlich geben mußte. Wann immer er mit mir spielen wollte, hatte ich zu tun mit Junge waschen, Junge säugen und Junge-von-gefährlichen-Orten-wegtragen. Es dauerte nicht lange, und er wurde auch zu seiner Frau unfreundlich, weil sie

... und versuchen sich schlüssig zu werden, welches sie adoptieren wollen

sich zuviel mit den Kätzchen abgab und mit ihnen Babysprache sprach, und er fing an zu murren, sein Haus sei zu einem Katzennarrenhaus geworden.

Ja, und später, als die Kätzchen groß genug geworden waren, um herumzuspielen und an seinen Beinen hochzukrabbeln und ihm nachzutollen, wurde dann ich schlechter Laune, weil er mit den Jungen mehr Theater machte als mit mir, und daraus ergaben sich nicht gerade harmonische Beziehungen.

Über den Charme kleiner Kätzchen habe ich schon im Kapitel «Sei stets graziös» gesprochen, und ich bin wie gesagt sicher, daß keine Katze je mütterlicher und bezaubernder ausgesehen hat als ich, während ich meine Brut säugte oder sie alle auf mir rumkraxelten. Aber das änderte nichts daran, daß wir plötzlich fünf waren, wo es vorher nur eine gegeben hatte, nämlich mich.

Und denk daran, am Anfang fütterst du sie selbst, und es kostet niemand einen Heller. Dann kommt der Tag, an dem sie entwöhnt sind, und eine weitere Futterschüssel wird nötig. Am Monatsende ist die Milchrechnung gestiegen. Glaubst du, der Mann merkt das nicht?

Und dann, gerade wenn deine Erziehung zu wirken beginnt und du ihnen ein

Unterdessen muß ich ja stets über sie wachen   *Auf Draht von früh bis spät*

bißchen Verstand eingehämmert hast, stellt sich die Frage, wohin man sie plaziert, und der Haushalt steht wieder Kopf. Es ist nicht leicht, gleichzeitig geeignete Plätzchen für vier oder gar fünf Kätzchen zu finden, denn der durchschnittliche Mensch weiß gar nicht, daß er eine Katze braucht. Man muß es ihm zum Bewußtsein bringen – mit andern Worten, ihn erobern. Eine schlaue Katze kann das natürlich, aber selbst wenn du deine Kinder richtig instruiert hast, sind sie doch noch unerfahren, und wenn die Leute versuchen, andern Katzen anzudrehen, zeigen die so Bedrängten stets ein erhöhtes Maß an Mißtrauen und Widerstand.

Deshalb muß man Kinder beiziehen, denn sie sind von Kätzchen leicht einzuwikkeln, und so ist zu dieser Zeit das Haus mit Kleinzeugs aller Arten besetzt. Schmutzige Füßchen beflecken Teppiche, und dreckige Händchen werfen Möbel um. Ich mag es nicht, wenn meine Jungen, ehe ihre Knochen hart sind, von

Und je älter sie werden, desto lästiger sind sie ...

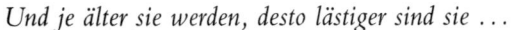

. . . wenn sie nicht gerade schlafen . . .

. . . oder sich toll und voll essen

Eines davon ist immer ...   *... entdeckungsfreudiger als die andern ...*

Nichts als Arbeit

... als auf es aufzupassen ...   *Komm zurück, du kleines Biest*

... und macht der Mutter mehr Arbeit ...   *... glaubt wohl, ich habe nichts Besseres zu tun*

*Ewig hat man sie
unter den Füßen*

dummen Kindern herumgequetscht werden, bis sie fast ersticken, und bin dauernd in Panik. Gewöhnlich gibt es Streit, wenn zwei Kinder dasselbe Kätzchen haben wollen, oder es bleibt eins übrig, das niemand haben will. Die Familie wird nervös, und natürlich bist du daran schuld.

Das ist der Moment, da ihnen vielleicht einfällt, sie könnten ja, wenn sie schon für eine Schar Plätzchen suchen müssen, die Sache gleich zu hundert Prozent erledigen, dich ebenfalls loswerden und neu anfangen mit Frieden im Haus.

Denn jetzt haben sie bloß zwei Möglichkeiten. Entweder bekommst du unentwegt weiter Kätzchen, und die ganze Chose wiederholt sich, nur sind nicht mehr viele Freunde übrig, die ein Kätzchen aufnehmen. Oder du bekommst eine teure und gefährliche Operation, damit du keine Kinder mehr haben kannst. Einen dritten Weg gibt es auch, nämlich den, dich loszuwerden. Ich sage nicht, daß das in jedem Fall passiert, aber eine kluge Katze wägt ihre Chancen ab. Wenn das nächste Mal der weiße Ritter an deiner Haustür erscheint, geh, hol deine Spielzeugmaus, spiel damit und vergiß ihn.

Von unserer Sprache

Das stumme Miau
Ich kann nicht oft genug sagen, wie wirkungsvoll das stumme Miau Widerstand bricht, vorausgesetzt, du nutzest es nicht ab und sparst es für den rechten Augenblick auf.
Die Technik ist lächerlich einfach. Du schaust dein Opfer an, öffnest den Mund wie zu einem volltönenden Miau – wie du es machen würdest, wenn du aus dem Zimmer gehen willst oder Hunger hast oder dich ärgerst, aber in diesem Fall läßt du keinen Ton entwischen.
Die Wirkung ist einfach erstaunlich. Der Mann oder die Frau ist bis ins innerste Mark erschüttert, und sie geben dir praktisch alles, was du willst. Deshalb sage ich, tu es nicht oft, denn sonst werden sie abgestumpft, und du hast eine wirksame Waffe verspielt.
Selbst ich, die den Menschen ein Leben lang studiert habe, finde keine Erklärung dafür, warum das stumme Miau diese magische Wirkung hat, ja ich weiß nicht einmal, was genau die Menschen dabei empfinden. Vielleicht bieten wir ihnen ein so sprechendes Bild der Hilflosigkeit, daß ihm das Gott-Syndrom nicht widerstehen kann. Wir haben schon das Glück, daß gewisse Teile unserer gesprochenen Sprache, vor allem das Miau, dem Schreien ihrer eigenen Kinder gleicht, den Lauten, mit denen ihre Jungen ihr Verlangen nach Nahrung, Liebe, Wärme oder sonstigem Fehlendem kundtun. Die Menschen reagieren vollautomatisch und sofort auf Babygeschrei, und deshalb kann ein richtig plaziertes, jämmerliches Miau sie ebenso dazu bringen, irgend etwas für uns zu tun.
Offenbar verständigen sich die Menschen untereinander vor allem mit der Stimme; das klappert und plappert unaufhörlich von morgens bis abends, und, so unglaublich es klingt, manche reden sogar im Schlaf weiter.
So glauben sie stets, die Töne, die wir machen, bedeuteten dasselbe wie bei ihnen, und unsere Sprache gleiche der ihren, was natürlich gar nicht falscher sein könnte.
Zurück zum stummen Miau. Für sie scheint es eine Last an Unglück und Not wiederzugeben, die so groß ist, daß wir ihr nicht einmal Stimme verleihen können. Es ist ein Unschrei der Verzweiflung und Sehnsucht, der schneller und direkter ins menschliche Herz trifft als das jammervollste Miau, dessen wir fähig sind, und ich glaube, die Menschen stellen es auf die gleiche Stufe wie ihren eigenen Gesichtsausdruck von Liebe, Verzweiflung, Not oder Bitte, mit dem sie gewöhnlich ihre wichtigeren Reden begleiten.
Was mich angeht, ich beschränke den Gebrauch des stummen Miau auf das Betteln am Tisch, wie ich schon angedeutet habe, aber man kann es auch bei anderen Gelegenheiten wirkungsvoll einsetzen, wenn man etwas möchte, das sie einem offenbar nicht zu geben geneigt sind.

Miau mit Variationen

Ich habe eben dargelegt, wie das jämmerliche Miau einer deiner wirksamsten Töne ist, wenn du deine Menschen auf Trab bringen willst. Dazu kommt noch ein Ton, den ihr alle hervorzubringen versteht und der sie bemerkenswert weich macht, das ist ein kleiner schmelzender Laut, eine Art Zirpen, ungefähr «Prrr-miau» mit steigender Melodie auf der letzten Silbe. Dieser Ton hat keinen bestimmten Zweck Menschen gegenüber, aus irgendeinem Grund tut er ihnen einfach wohl und bringt sie in gute Laune. Wir benützen ihn ganz natürlich zu einem gelegentlichen Gruß, oder wenn wir besonders milde aufgelegt sind oder

Üb mit ihnen das stumme Miau gleich von Anfang an

wenn wir etwa ein Junges herumtragen, und ich erwähne ihn nur als weitere Waffe, mit der du die Menschen unterjocht und dienstfertig halten kannst.

Zum Glück für uns sind sie irgendwie nicht ganz unintelligent, und es dauert nicht lange, bis sie deine verschiedenen Laute, die verschiedenen Arten von Miau und was du damit sagen willst, deuten gelernt haben. Wie du weißt, haben wir unter uns ganz andere Methoden zur Verständigung, aber die Menschen hängen hauptsächlich davon ab, was sie hören, und deshalb machst du dich ihnen mit Lauten verständlich.

Wenn du dich zum Beispiel vor die Türe setzt und eine Art kurzes, kratzendes Miau hören läßt und vielleicht die Türe mit der Pfote berührst, bis sie dich hinauslassen, werden deine Menschen nach einer Weile verstehen, daß dieses Miau bedeutet, sie sollen dir die Türe öffnen. Du kannst das gleiche tun für Essen, für deine Spielsachen oder «mach meinen Sessel frei», bis du sie einen recht nützlichen Wortschatz von acht bis zehn Lauten gelehrt hast – das reicht bestimmt

Die Wirkung ist einfach umwerfend   *Ein Unschrei der Verzweiflung*

für deine Zwecke; du willst ja schließlich kein weiteres Gespräch mit ihnen. Denn (das ist nur eine anthropologische Nebenbemerkung), wenn du länger mit ihnen gelebt hast, wird dir auffallen, daß ihr ständiges Reden und Schwatzen an den Schwierigkeiten schuld ist, die sie oft haben. Denk daran, es ist egal, welche Laute oder Miaus du für deine Zwecke brauchst, solange du für jeden Zweck stets denselben Laut von dir gibst. Du kannst hier deine eigene Sprache erfinden; das ist gescheiter, als die Sprache einer anderen Katze zu kopieren. Damit schaffst du wieder den Anschein der Einzigartigkeit, eines Geheimcodes zwischen dir und deinen Menschen, den niemand anderer verstehen kann und mit dem sie prahlen: «Wenn unsere Katze ins Freie will, macht sie ... Ich hab' das noch bei keiner andern Katze gehört.»

Schnurren, weil man nicht anders kann

Eine solche Behandlung ist kein Anlaß zum Schnurren

Aber hiefür schnurrt man

Das Schnurren und seine Stufen

Man könnte meinen, daß Schnurren auch in den Katalog von Lauten gehört, mit denen wir unsere Wünsche bekanntgeben, aber für mich hat dieses Geräusch in seiner Anwendung und Wirkung auf Menschen immer etwas Besonderes gehabt. Wir schnurren von Natur aus bei verschiedenen Nuancen und Graden der Zufriedenheit, aber erst seitdem wir die Menschen gezähmt und uns dienstbar gemacht haben, verstehen wir, wie es auf sie wirkt.

Hätten sie nicht ihren starken, stets vorhandenen Zug zur Eitelkeit, so wären unsere Probleme mit ihnen ungleich größer und komplizierter. Denn wenn du dieses Handbuch sorgfältig liest, oder wenn du als alte, bewährte Hauskatze deine Beobachtungen gemacht hast, so mußt du bei einiger Intelligenz zum Schluß gekommen sein, daß dein Erfolg im Erreichen deiner Ziele größtenteils auf der menschlichen Eitelkeit beruht.

Schnurren bildet hier keine Ausnahme. Und da der Mensch sich nun einmal zu unserem Gott ernannt hat, wird Schnurren als Dankgebet betrachtet und akzeptiert. Auch dem Gott des Menschen, dem offenbar unterwürfigste Schmeichelei zusagt, wird dauernd gedankt.

Wenn ein Mensch dich streichelt und du zu schnurren beginnst, ist also alles klar: er hat dich so glücklich gemacht, daß du deine Dankbarkeit nicht unterdrücken kannst.

Schnurren zerfällt in zwei Klassen: die erste ist die nachträglich anerkennende, dankbare Art, und die zweite die hoffnungsvoll vorwegnehmende Art.

Vorwegnehmendes Schnurren ist ein mächtiger Anstoß, wenn du willst, daß etwas geschieht, und wenn es sofort auf das stumme Miau folgt, ist es praktisch unwiderstehlich.

Da Schnurren in allen Ländern der Welt als Ausdruck des Vergnügens ausgelegt wird, hat vorwegnehmendes Schnurren die nützliche Wirkung, im Menschen das Gewissen anzustacheln und Schuldgefühle zu wecken, bis er dir den Willen tut. Ein Vorausschnurren bei den Mahlzeiten oder sonst beim Betteln, oder wenn sie für ein Picknick packen und du gerne mitgingest, macht es ihnen fast unmöglich, dir das nicht zu gewähren, wofür du bereits dankst.

Was das nachträglich-anerkennende Schnurren angeht, sind die Zeiten und Gelegenheiten der Anwendung zu zahlreich, als daß ich sie aufzählen könnte, aber die Wirkung ist immer gleich. Dein Mensch versteht, daß du für irgend etwas dankbar bist, das er oder sie dir getan hat oder tut. Man schnurrt, nachdem einem das Essen vorgesetzt worden ist (immer vorausgesetzt, daß einem das Essen paßt), wenn man sich im Lieblingssessel zusammengerollt hat, wenn man aufs Bett gesprungen ist, wenn man sich vor dem Feuer niederläßt und klar ist, daß einen niemand belästigen wird, wenn man genußvoll gestreichelt oder einem heimlich ein besonderer Leckerbissen zugesteckt wird. Jedesmal wird deine Zufriedenheit sich übertragen, der Eitelkeit wohltun und dem Spender, der für die Offenbarung deiner Zufriedenheit verantwortlich ist, Größe verleihen.

Die Skala geht vom beinah unhörbaren Schnurren, bei dem sie nicht sicher sind, ob sie es dir recht gemacht haben, bis zum donnergleichen Schnurren, das man durchs halbe Zimmer hört.

Eine sehr wichtige Nebenkategorie ist das verweigerte Schnurren, äußerst wirksam, wenn deine Menschen sich dir gegenüber vergangen haben und du ihnen das zu verstehen gibst und sie bestrafst.

Wenn zum Beispiel dein Mann, dem du mit Recht zürnst, weil er beim Frühstück seinen Speck nicht mit dir geteilt oder dich überhaupt nicht beachtet hat, abends heimkommt und dich auf seinen Schoß hebt, dich streichelt, dich dort krault, wo du es sonst am liebsten hast, und dich am Kinn kitzelt, so würdest du normalerweise laut schnurren – jetzt tust du es nicht. Du tust nichts. Du sitzest auf seinem Knie wie ein Stück Holz. Weder gräbst du deine Krallen in sein Fleisch, noch versuchst du zu entkommen, du schnurrst nur einfach nicht. Zuerst wird er nicht begreifen, was nicht stimmt, er weiß nur, daß etwas nicht so ist, wie es sein sollte. Er versucht sich zu erinnern, ob es etwas in seinem Büro war oder zuhause irgendetwas vorgefallen ist, wie zum Beispiel, wenn seine geliebte Pfeife unauffindbar ist oder ein Bild schiefhängt. Schließlich kommt er dann drauf, daß du es bist. Deine Kehle sollte vibrieren, tut das aber nicht. Er fragt dich, was denn los ist, und strengt sich doppelt an, streichelnd, kraulend, liebevoll schmeichelnd. Und du schnurrst immer noch nicht. Da kapiert er, daß er in Ungnade ist, sozusagen auf der Schandbank. Er fühlt sich schuldig, was er ja auch soll, und vor lauter Schuldgefühl nörgelt er an seiner Frau und den Kindern herum, und sie tun sich gegen ihn zusammen, und jetzt ist er erst recht auf der Schandbank, und genau das hast du gewollt, als du dein Schnurren verweigertest.

Benimm für Katzen

Wir sind uns alle einig darüber, welche Wohltat wir den Menschen erweisen und welches Glück sie haben, wenn wir uns entschließen, einen oder mehrere von ihnen in Besitz zu nehmen und ihre Lebensweise zu akzeptieren. Aber ich wäre pflichtvergessen, spräche ich nicht von der Notwendigkeit guter Manieren und richtigen Benehmens ihnen gegenüber.

Seien wir offen: unglücklicherweise gibt es viele Katzen, die so eingebildet und arrogant sind, daß sie den Menschen, mit denen sie zusammenleben, nicht das Geringste geben und sogar großes Vergnügen dabei empfinden, sie zu mißbrauchen, zu mißhandeln und zu verachten; immer sind sie schlechter Laune und unangenehm und geben kein Jota von sich selbst her. Das Verblüffende ist dabei, daß es Leute gibt, die eine derartige Behandlung genießen, ja solche, die das geradezu verlangen, ja förmlich darum bitten. Sie sind sogar auf merkwürdige Weise stolz darauf, eine unangenehme Katze zu haben. Aber natürlich sind das Ausnahmen.

Zwei deiner Probleme bestehen darin, wann du dich aufheben lassen und wann, oder wann nicht, du auf einem Schoß bleiben sollst. Theoretisch, wenn du gut vorgearbeitet hast, gilt, daß du niemals auf einem Schoß bleiben sollst, wenn du keine Lust dazu hast, und niemals dann von draußen hereinkommst, wenn man dich ruft, und überhaupt nie etwas tust, was du nicht tun willst. Denn wenn du nicht so wärst, würdest du das Idealbild der unabhängigen Katze zerstören, das seit undenklicher Zeit soviel Erfolg hatte. Denk daran, diese Legende haben wir geschaffen und über Jahrtausende so erfolgreich lebendig erhalten, daß man heute ruhig sagen kann, wir seien die freiesten und bedeutendsten Geschöpfe der Welt. Aber gute Manieren bedingen, daß wir wissen, wann wir unsere wohlerworbenen Rechte hintansetzen und uns höflich benehmen sollten, ohne irgendwie unsere Autorität zu schädigen.

Zum Beispiel das Hochheben. Erstens einmal zählt es nicht, wenn du von Kindern aufgehoben wirst. Wählst du ein Haus mit Kind, oder erscheint eines, nachdem du dich dort niedergelassen hast und nicht mehr ausziehen willst, nun, dann gehört es dazu, daß du zu allen Stunden auf alle möglichen unbequemen Arten hochgehoben und herumgeschleppt wirst. Die wohlerzogene Katze wird weder zappeln noch schreien, und nach einer Weile findet sie es vielleicht sogar angenehm.

Was den Menschen angeht, der dich aufhebt und auf seinen oder ihren Schoß setzt, wenn du gerade anderes im Kopf hast oder über irgend etwas nachdenken und nicht auf einem Schoß sein und nicht gekrault werden willst und schon gar nicht in Laune bist, eine schwere Hand auf deinem Fell zu dulden, so wird die guterzogene Katze zu erraten versuchen, warum sie auf dem Schoß sitzen soll, und wenn sie Erfahrung mit Menschen hat, wird sie das auch stets wissen.

In solchen Augenblicken zeig gute Manieren

Ziehen sie eine Schau ab? Haben sie irgendwelche Sorgen? Sind sie schlechter Laune? Oft wurmt sie etwas, und sie nehmen dich nur, weil sie wissen, daß du das nicht magst. In diesem Fall entschuldigst du dich, und zwar unmißverständlich, und gehst weg.

Aber es gibt Zeiten, da dein Mensch traurig ist, verletzt, einsam, deprimiert, und dann braucht er dich, will dich halten und berühren und sucht Beruhigung, und das wirst du mit der Zeit erspüren. Gute Manieren verlangen von dir, daß du dich in diesem Fall ergibst, dich auf seinem Schoß entspannt hinlegst und, wenn du es über dich bringst, ihm schnell die Hand leckst.

Was das Kommen-auf-Ruf angeht, so beruht unser Bild als unabhängigstes von allen Tieren hauptsächlich darauf, daß wir nie, nie, nie kommen, wenn man uns ruft. Hunde kommen, Pferde auch, sogar Schafe, Kühe, Schweine und Hühner lernen das, aber wir nicht. Dennoch gibt es Zeiten, da die guten Manieren genau das von dir verlangen. Wenn zum Beispiel dein Mann und deine Frau Gäste haben und dein Mann nach dir ruft. Ob du im Zimmer drin bist oder draußen, du solltest sofort hingehen. Denn man blamiert seine Familie nie vor Fremden, abgesehen davon, daß deine Höflichkeit den Mann in den Augen seiner Gäste und in seinen eigenen erhöht und du tagelang von ihm bekommen kannst, was du willst.

Ebenso wirst du mit deiner Familie zusammenarbeiten, wenn ein wichtiger Gast da ist, der Katzen mag und eine besondere Zuneigung zu dir gefaßt hat. Wenn der dich aufhebt und auf seine Knie setzt, bleib dort und mach ein Getue mit ihm. Viele fette Verträge sind schon abgeschlossen und viele Beförderungen gewährt worden, weil ein Familienmitglied sagen konnte: «Mein Gott, ich hab' Pussy noch nie so angetan von jemand gesehen. Sie muß erkannt haben, daß Sie ein fabelhafter Mensch sind.»

Nachher hörst du vielleicht deine Familie sagen: «Herrgott, wie gut, daß Pussy nicht ihre Krallen in J.G.'s Knie gegraben und ihn angefaucht hat, wie sie es sonst mit Gästen tut. Was ist sie nur angekommen?»

Sobald die Gäste gegangen sind und alles wieder normal ist, darfst du auch normal sein. Wenn jemand dich ruft, kommst du selbstverständlich nicht. Und wenn dich jemand gegen deinen Willen hochheben will, ist es dein Recht, dich dem mit allen Mitteln zu entziehen, und wenn nachher Jod und Heftpflaster gebraucht werden, hast du ja schließlich nicht angefangen. Verwöhnen hat nie jemand gutgetan.

Die wohlerzogene Katze geht nicht auf den Eßzimmer- oder auf den Küchentisch. Wenn du deine Familie richtig dressiert hast, was dein Essen angeht, so ist das überflüssig. Stehlen tun Hunde. Wir stehen darüber.

Gleiches gilt für Betteln am Tisch. In meinem Kapitel über Happen habe ich dich gelehrt, wie du dich mit deinem Mann oder deiner Frau arrangieren kannst. Am

Äußerst geschmeichelt sind sie, wenn man auf ihr Rufen kommt

Je schneller du lernst, den Kratzbaum
zu benützen, desto einfacher hast du's ...

... oder wetz deine Krallen im Freien

Tisch Geschichten machen und Krallen in die Beine der Menschen schlagen, um ein bißchen Essen zu ergattern, ist deiner Würde abträglich.

Hat dir deine Familie einen Kratzpfosten gegeben oder lebst du auf dem Land und darfst oft dorthin ausgehen, wo es Bäume gibt, dann ist es total ungezogen, die Krallen am Damast des Louis-XV-Fauteuils im Salon zu wetzen. Außerdem kommst du damit in Schwierigkeiten, und wenn ein Mitglied deiner Familie danach trachtet, dich loszuwerden, hast du eine Menge Öl ins Feuer gegossen. Gäbe es Statistiken, so würden sie zeigen, daß der häufigste Grund dafür, Katzen hinauszuwerfen, der war, daß sie ihre Krallen an den Möbeln wetzten. Heutzutage ist ein Kratzpfosten Standardmöbel in jedem Stadthaushalt, wo eine Katze lebt. Aber es gibt halt doch Leute – denn der Herrgott hat mancherlei Kostgänger – die wissen einfach nichts, und bei ihnen darfst du andeuten, was du möchtest, indem du ein Stücklein oder zwei aus dem Sofa herausreißt oder aus einem Bettpfosten. In den allermeisten Fällen hast du bald darauf deinen eigenen Kratzbaum. Wenn nicht, dann hast du offensichtlich recht dumme Menschen gewählt, und es kommt eigentlich nicht drauf an, ob sie dich an die Luft setzen oder nicht.

Strittig ist das Problem, ob die Hinnahme der Fellpflege zu den guten Manieren gehört; das ist Ansichtssache. Ich gehöre noch zu der Generation, die das nicht für nötig hält. Wir sind absolut imstande, unser Haarkleid selbst zu pflegen, und tun das seit undenklichen Zeiten, sogar wenn wir in der Wildnis leben. Gewiß, es ist praktisch, wenn einem die Kletten aus dem Pelz entfernt und die Zecken abgenommen werden, und eine wohlerzogene Katze bleibt während dieser Prozedur ruhig und macht die Sache nicht schwieriger. Aber dieses ewige Geputze mit Horn, Stahl oder Borsten kann ich nicht billigen, auch wenn die Menschen an sich selbst dies dauernd tun müssen, um anständig auszusehen, und deshalb glauben, wir hätten es auch nötig. Wenn du es angenehm findest, mit einer Bürste gestreichelt zu werden – wird es richtig gemacht, so kann das ein Vergnügen sein –, nun gut. Aber wenn du es nicht magst, sehe ich keinen Grund, warum du es dir gefallen lassen solltest. Der einfachste Ausweg besteht darin, daß du dich schnell versteckst, wenn du sie nach der Bürste langen siehst, und es wird nicht lange dauern, bis sie etwas anderes zu tun haben. Aber wenn sie dich erwischt haben, kannst du von mir aus jede beliebige Methode anwenden, um dieser Behandlung zu entgehen. Eine sehr wirksame Maßnahme ist es, wenn sie mit dir ihren Willen gehabt und einen selbstzufriedenen Ausdruck im Gesicht haben, daß du augenblicklich hingehst und dich in irgend etwas möglichst Schmutzigem wälzest.

Zum Schluß noch ein Wort über Gäste und Benimm. Recht viele Gäste bringen jeweils ihren Hund mit. Wie immer deine Gefühle diesen ekelhaften Geschöpfen gegenüber sein mögen, die guten Manieren fordern, daß du das Biest ignorierst.

Von allem Anfang an sind wir imstande,
uns selbst zu pflegen

. . . an beiden Enden

Spring aufs Klavier oder aufs Buffet, dreh ihm den Rücken zu und bleib dort, bis er gegangen ist.

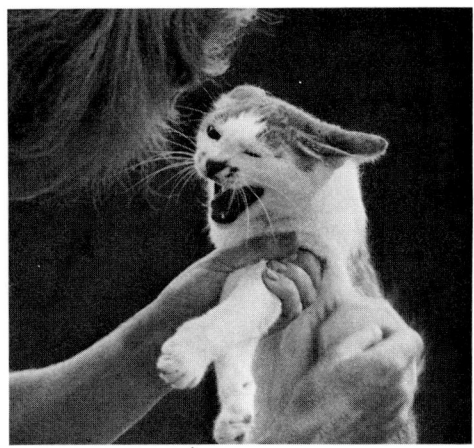

Das brauchen wir uns nicht gefallen zu lassen ...

... und das auch nicht

Liebe – ein großes Rätsel

Die Liebe ist ein schwieriges und heikles Thema. Es ist ein Gefühl, das sich von Zeit zu Zeit in dich hineinstiehlt, und ehe du es selbst erfahren hast, verstehst du kaum, was ich sage, und mußt mir blindlings glauben. Ich spreche natürlich von der Liebe zu den Menschen.

Denn trotz allem, was ich gesagt habe, um dir die Aufgabe zu erleichtern, ein bequemes Heim zu erobern, und um dir die Unterjochung der Menschen zu ermöglichen, die es mit dir teilen werden: die Liebe ist das große Unbekannte, das sich allermeistens in die Beziehungen einschmuggeln wird. Es ist etwas Geheimnisvolles. Niemand hat je herauszufinden vermocht, wo es sitzt und was es verursacht, ähnlich wie bei unserem Schnurren. Es hat nichts zu tun mit dem Trieb, der uns nach einem Gatten Ausschau halten läßt. Oh nein! Es ist etwas ganz anderes und sehr schwer zu erklären, aber wenn es dir zustößt, wirst du es erkennen. Es passierte mir mit der Familie, mit der ich zusammenwohne, seit ich sie in meiner frühen Jugend eroberte, wie du gelesen hast. Ich liebe sie und sie lieben mich. So! jetzt habe ich es gesagt! Und ich schäme mich dessen nicht.

Es ist unmöglich, längere Zeit mit Menschen zusammenzuleben, ohne zu begreifen, daß sie zwar ein paar gute Eigenschaften haben, im übrigen aber dumm, eitel, eigensinnig, vergeßlich und oft durchtrieben und falsch sind. Sie lügen geradeheraus, sie sagen eine Sache und meinen eine ganz andere, sie geben Versprechungen und brechen sie, sie sind oft selbstsüchtig, gierig, rücksichtslos, besitzwütig, inkonsequent, feige, eifersüchtig, verantwortungslos, herrschsüchtig, intolerant, ungeduldig, heuchlerisch und schlampig. Aber trotz all dieser Nachteile haben sie diese starke, wunderbare Sache, die sie Liebe nennen, und wenn sie dich lieben und du sie liebst, scheint nichts anderes mehr wichtig. Laß dich aber warnen: natürlich darfst du den Kopf nie so sehr verlieren, daß du dich nicht mehr schützest mit Hilfe der Mittel und Wege, die ich dich in diesem Buch lehre.

Zwar wirst du nie das Rätsel dieser Menschenliebe lösen, aber du wirst wie ich einen Teil ihrer Ursache entdecken, einen Teil, den du bei jedem Menschen – Mann oder Weib, jung oder alt, gut oder schlecht – findest. Sie sind alle einsam, aber nicht wie wir unabhängig genug, um das wie wir zu ertragen. Und das ist vielleicht die Grundlage der Macht, die wir über sie haben: sie brauchen unsere Hilfe in dieser Not. Meine Worte über sie mögen hart und grausam geklungen haben, denn ich wollte dich ja schützen, aber wenn ich an meine Familie denke und daran, wie einsam jeder darin bleibt, obschon sie miteinander verheiratet sind oder Eltern oder Geschwister haben, und wie ich sie manchmal trösten kann, nur indem ich auf ihrem Schoß sitze, auf Rufen komme, am Bettende liege oder einfach in der Nähe bin, so gibt mir das ein wunderschönes Gefühl im Bauch und macht mich schnurren. Und du brauchst dich nicht zu schämen, wenn es dir auch so geht.

Die Liebe ist ein schwieriges und heikles Thema

«Aber wie ist denn diese menschliche Liebe?» höre ich dich fragen. «Wie soll ich es merken, wenn mir das zustößt, so daß ich es auch genießen kann?»

Ich kann dir lediglich sagen, daß es etwas ist, das sie empfinden, und wenn sie dich in ihren Armen halten oder auf ihrem Schoß und dich sanft zu streicheln beginnen, fließt es von ihnen in dich über und dann fühlst du es. Wenn es nicht da ist, spürst du nichts, zum Beispiel, wenn sie dich ganz geistesabwesend streicheln oder kraulen, oder wenn sie dich nur unterhalten wollen und die Sache künstlich ist – dann wirst du nichts fühlen.

In ihrem Bedürfnis, Liebe zu geben und zu empfangen, kommt es immer wieder vor, daß sie dich wie Kinder halb totquetschen. Es kommt etwas in ihre Augen, die Berührung ihrer Hände wird anders, und ob du willst oder nicht, du fängst an zu schnurren, und deine Krallen gehen hinaus und hinein grad wie damals, als du ein kleines glückliches Kätzchen an der Mutterbrust warst. Manchmal wird das

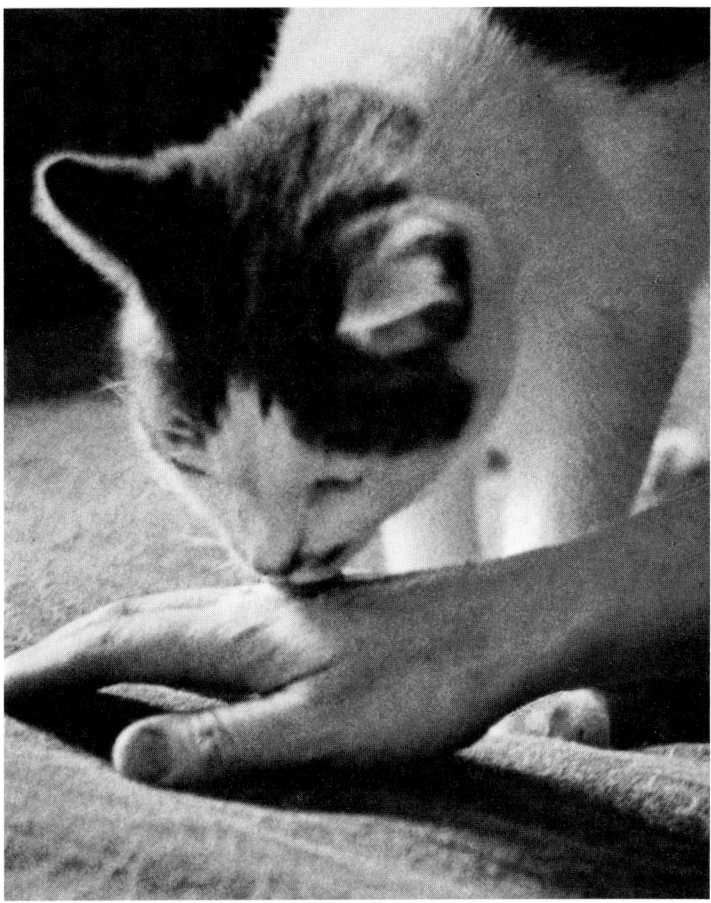

Manche sagen, es gehe um das Salz auf der Haut. Ich behaupte, das ist Liebe.

Liebesgefühl für sie so stark, daß du sie mit den Vorderpfoten packst und mit den Hinterbeinen strampelst und sie mit den Zähnen beißt, denn so drücken wir sehr oft unsere Gefühle aus, besonders die sexuellen. Ich hab mir oft gedacht, daß die menschliche Liebe mit Sex verbunden ist, aber auf irgendeine Art können sie die beiden Gefühle getrennt halten, und darum ist all das so schwer zu begreifen. Auf jeden Fall solltest du dich beherrschen und wenn möglich dein Kratzen und Beißen bleiben lassen, denn sie haben dich zwar lieb, sind aber auch dumm und werden dein Benehmen nicht verstehen und glauben, du vergeltest Gutes mit Bösem. Ich bin überzeugt, daß unser Ruf, falsch und verräterisch zu sein, von daher stammt. Horus, der Katzengott weiß, wir haben viele Fehler, aber Verrat und Falschheit gehören nicht dazu.

Und geh vorsichtig um mit der Liebe der Menschen, sie kann ärger schmerzen als Prügel. Die Menschen hören oft auf zu lieben und verlassen einen. Wir tun das nie.

... bis auf ihren Schoß

... indem du hinaufkletterst ...

Du kannst oft ihre Einsamkeit mildern ...

Doppelspiel – nicht ganz nobel

Ich muß vorausschicken, daß ich mein Gewissen ernst und gründlich erforscht habe, ehe ich mich auf dieses Thema einließ. Ein doppeltes Spiel treiben, nämlich gleichzeitig in zwei Häusern leben, ist nicht sehr anständig. Ich bin nicht stolz darauf, aber manchmal passiert es und manchmal bist du nicht einmal schuld daran, und deshalb solltest du, obwohl ich nicht dafür bin, darüber Bescheid wissen, besonders darüber, wie du dich dabei anstellen mußt, falls die Notwendigkeit sich ergibt.

Vor kurzem sprach ich in recht ermahnendem Ton mit einer rauchgrauen Katze, die in unserer Nähe wohnt und es fertiggebracht hat, zwei verschiedenen Gruppen von Menschen weiszumachen, daß sie exklusiv ihre Katze sei. Ehrlich gesagt, ihre Antwort zeigte mir die Sache in ganz neuem Licht. Sie sagte: «Aber bedenke doch, welche Freude ich zwei Familien gebe statt nur einer. Ich bin also doppelt wertvoll.»

Deshalb habe ich beschlossen, ein paar Bemerkungen über Kunst und Technik des Doppellebens einzuschließen.

Soweit ich mich erinnere, begann dieser Brauch in Kriegszeiten und war darin praktisch begründet, daß es in dem einen Haus oft nicht genug zu essen gab und man deshalb in einem andern Haus etwas dazu erbettelte. Aber da die Menschen sind, wie sie sind, und auf dem Grundsatz «umsonst ist nur der Tod» bestehen, glaubten sie, man gehöre ihnen, wenn sie einen gefüttert hatten, und sagten bald einmal: «*Unsere* zugelaufene Katze». Und dieses Problem mußte gelöst werden. Ein Doppelwohner benötigt umfassende Kenntnisse über die menschliche Natur, unermüdlichen Eifer und beträchtliche Erfahrung. Hundertprozentiger Erfolg bedeutet, daß jede Familie voll überzeugt ist, du seiest ausschließlich ihre Katze. Und weißt du, wann klar ist, daß du dein Ziel erreicht hast? Wenn du zwei Namen hast, einen in jedem Haushalt.

Doppelspiel entsteht natürlich hauptsächlich durch Unterschiede zwischen Freßgier und Futterangebot. Bekommst du in einem Haus nicht genug zu essen oder ist es dir nicht gelungen, deine Menschen so zu dressieren, daß sie dir das von dir gewünschte Essen geben, wobei indes alles andere befriedigend ist, so legst du dir ein zweites Heim zu und bekommst so täglich zweifach zu essen. Das kann auch auf zwei Spielzeugsammlungen, zwei Katzenbetten, zweimal interessante und aufregende Begebenheiten hinauslaufen, und auf verschiedene Arten von Menschen.

Möchtest du das Doppelspiel spielen, so mußt du dir natürlich von Anfang an eine tolerante Familie wählen, eine, die für Katzen Sympathie und Verständnis hat und keine Geschichten macht, wenn du längere Zeit unterwegs bist, allerdings nicht allzu lange. Ich würde sagen, du kannst höchstens achtundvierzig Stunden wegbleiben, ohne Verdacht zu erregen. Ein Vierundzwanzigstundenrhythmus ist

*Pst! Niemand
darf dich sehen*

aber viel besser – einen Tag und eine Nacht weg, dann gleich lang da – und nicht allzu anstrengend durchzuhalten.

Natürlich muß deine zweite Familie etwa ähnlich sein, doch kannst du dich da oft mit einem Junggesellen oder einer einsamen Witwe zusammentun, die so dankbar sind, daß du zu ihnen gekommen bist, daß sie sich nicht beklagen, wenn du in regelmäßigen Abständen verschwindest; du mußt nur immer wieder zurückkommen und dann während dieser Besuche ganz besonders freundlich sein. Leute, die reisen oder oft fort sind, eignen sich hervorragend für ein Doppelspiel. Die ideale Kombination allerdings ist – eine Freundin von mir genoß sie einmal – wenn in dem einen Heim der Mann ein Nachtarbeiter ist und tagsüber schläft, während im zweiten normale Verhältnisse herrschen. Meine Freundin konnte im Zwölfstunden-Rhythmus arbeiten. Aber wie oft gibt es einen solchen Glücksfall?

Der kluge Doppelspieler lernt bald einmal ein paar Tricks über die Gewohnheiten seiner zwei Familien. Kommt einer jeden Abend zur gleichen Stunde von der Arbeit heim, sieh zu, daß du stets am Gartentor bist, um ihn zu begrüßen. Das freut ihn und schmeichelt ihm so sehr, daß er gar nicht merkt, was nachher geschieht, und nichts hält dich davon ab, zu deiner anderen Familie zurückzuwischen, wenn dies die gewohnte Zeit deines Dortseins ist. Wenn aber die Frau des Hauses dich gern an Vormittagen um sich hat, sei dort. Nichts hindert dich, den Nachmittag im andern Haus zu verbringen.

Natürlich ist der Anfang am wichtigsten, dann muß man nämlich dafür sorgen, daß man in beiden Häusern so oft als möglich gesehen wird. Du bist also eine Weile sehr beschäftigt, rennst zwischen den beiden hin und her, bis sie den festen Eindruck haben, du seiest viel häufiger da, als du es wirklich bist, wobei du sie gleichzeitig an deine Abwesenheit zu bestimmten Stunden gewöhnst. Menschen sind absolute Gewohnheits-Sklaven, und wenn du die Gewohnheiten so geformt hast, wie es für dich richtig ist, hast du ausgesorgt.

In manchen Fällen brauchst du nicht einmal für beide Parteien exklusive Katze zu sein. Ich kannte eine Katze, die bei einer bescheidenen Familie mit mittlerem Einkommen wohnte. Sie pflegte regelmäßig bei der Villa unendlich reicher Leute vorzusprechen, um etwas Essen zu ergattern. Das gab ihr der Butler, ein ziemlich einsamer Mann, der von drei bis sechs Uhr nachmittags Freistunde hatte. Meine Freundin begleitete ihn zu dieser Zeit auf sein Zimmer und saß bei ihm, und mehr wollte er nicht. Dafür bekam sie das großartigste Essen, denn die Familie, für die der Butler arbeitete, aß nur die exquisitesten Dinge. Die ganze übrige Zeit verbrachte sie mit ihrer eigenen Familie, die sie gern mochte und bei der sie sich sehr wohl fühlte. Die Familie betrachtete die Zeit von drei bis sechs bald einmal als «Pussys Ausgangszeit», und niemand fragte je danach, wohin sie ging und was sie tat. Das ist ein Muster von Doppelspiel der allerwohltätigsten Art.

Natürlich bekommst du nochmals zu essen

An all dem siehst du, nicht nur Takt und Intelligenz sind vonnöten, sondern auch der Zufall spielt eine große Rolle: die Umgebung, in der du lebst, die daran anschließende Gegend und die Stellung der dort lebenden Leute. Du magst ein Jahr oder länger ganz zufrieden mit nur einer Familie leben und dann plötzlich eine Gelegenheit zu einem Doppelspiel wahrnehmen, das niemandem schadet; du kannst dabei, wie meine rauchgraue Freundin betonte, zwei ganz verschiedene Gruppen von Leuten glücklich machen.

Für den Schluß habe ich eine ernste Warnung aufgespart, die unter allen Umständen zu beachten ist. Nie, unter keinen Umständen, sollst du es zulassen, daß deine beiden Familien einander kennenlernen, und vor allen Dingen laß dich nie in Gegenwart beider Parteien erwischen. Wenn du auch nur ein wenig mit Menschen zusammengelebt hast, weißt du, wie außerordentlich empfindlich sie sind, wenn es ums Eigentum geht. Mir scheint, eines der mächtigsten Wörter in ihrer Sprache ist «mein». Wenn Dinge, die sie als ihren Besitz betrachten, irgendwie gefährdet sind, treibt sie das zu fast unglaublicher Wildheit.

Ich kenne eine Geschichte, die beinah zu schrecklich zum Erzählen ist, aber um deinetwillen muß ich es tun. Sie handelt von einer Doppelspieler-Katze, die unvorsichtig genug war, am Rand der Straße in der Sonne zu schlafen, etwa halben Wegs zwischen ihren beiden Häusern.

Durch einen unglücklichen Zufall kreuzte sich der Weg der Mitglieder beider Familien etwa an dieser Stelle. Die Katze wurde durch die heftige Auseinandersetzung darüber, wem sie gehöre, geweckt, war aber noch zu schlaftrunken und verwirrt, um das einzig Richtige zu tun, nämlich abzuhauen, als ob der Teufel hinter ihr her wäre. Ehe sie sich's versah, hatte die eine Familie sie beim Kopf gepackt und die andere beim Schwanz. Und sie zogen! Ich muß wohl nichts weiteres sagen.

Kapitel 16

Warnung vor Fehlern

Ich sag bloß eines: tu's nicht!

Katzenhaare auf dem Sofa sind ungern gesehen

Nehmen wir an, daß du mit Hilfe der Lehren in diesem Buch eine Familie für dich erobert hast. Die Leute, ob ein verheiratetes Paar mit oder ohne Kinder, ob Junggeselle oder Karrierefrau, sind ganz verliebt in dich, halten dich für die größte Katze aller Zeiten und bemühen sich nicht nur, jeden deiner Wünsche zu erfüllen, sondern sogar, ihnen zuvorzukommen. Mit anderen Worten, du bist auf Lebenszeit sicher versorgt.

Bist du das? Ja, wenn du nicht leichtsinnig wirst und einen der zahlreichen Fehler begehst, in die eine Hauskatze, vor allem eine verzärtelte und verwöhnte, verfallen kann, wenn sie nicht durch jemand Erfahrenen wie mich gewarnt ist.

Mit Köpfchen und, wie ich hoffe, dank meiner Rezepte, kannst du dir Eingang in jedes Haus verschaffen. Aber vergiß nie, daß alle Türen sich nach zwei Richtungen öffnen lassen und du schneller hinausbefördert werden kannst, als du hineinkamst, und das für immer.

Und das mag dir passieren, nicht weil Menschen dir überlegen sind, sondern weil sie dir unterlegen sind. Sie hassen die Arbeit, sie mögen keine Verantwortung, sie sind nervös, faul, ärgern sich leicht und geraten schnell in Panik. Meist wissen sie selbst nicht, was sie wollen.

An dir ist es, deine Familie zu beobachten, herauszuriechen, wann sie nervös sind, und zu solchen Zeiten möglichst unsichtbar zu bleiben. Wenn zum Beispiel wichtige Gäste zum Abendessen kommen und die Frau große Umstände macht: wegen dem Kochen, dem Tischdecken, dem Saubermachen des Salons – zu solchen Zeiten sieh, daß du ihr nicht zwischen die Füße gerätst. Geh irgendwohin dösen, oder noch besser, geh ins Freie, wo man dich nicht einmal sieht, denn sie kann sonst ohne weiteres eine Abneigung gegen dich fassen, nicht nur wegen irgendeiner Missetat von dir – wie zum Beispiel etwas umzuwerfen oder Haare auf dem Sofa zu hinterlassen – sondern auch wegen dem, was du eventuell noch tun könntest. So etwas ist für eine Katze schwierig zu verstehen, aber die Menschen können ihre Vorstellungen in die Zukunft projizieren. Das nennt man Phantasie.

Zum Beispiel, sie hat den Tisch schön gedeckt. Sie sieht dich am andern Ende des Zimmers, du sitzt da mit nachdenklichem Gesichtsausdruck, und augenblicklich stellt sie sich vor, was für ein Chaos du anrichten könntest, wenn du auf den Tisch sprängest oder mit deinen Krallen am Tischtuch zögest. Natürlich denkst du nicht im Traum daran. Aber das spielt keine Rolle. Für Menschen ist eine ausgemalte Tat oft eine schon vollbrachte, und sie könnte anfangen zu denken: «Ich muß wirklich heute abend John sagen, daß wir diese Katze loswerden müssen. ich hab weiß Gott genug um die Ohren, ohne immer noch daran denken zu müssen, was so ein Tier anstellen könnte.»

Am einen Abend läuft der Mann über vor Zärtlichkeit zu dir, und am nächsten ist er so heftig und gereizt, daß er dir sogar eine wischt und brüllt: «Verdammt nochmal, geh runter, Pussy. Siehst du nicht, daß ich zu tun habe?»

Begeh nicht, ich wiederhole, *nicht* den Fehler, in so einem Augenblick auf deinem Recht zu bestehen. Etwas ist im Büro schiefgegangen, oder seine Frau hat eine boshafte Bemerkung gemacht, oder er hat Geld verloren. Duck dich. Verschwinde. Deine Rechte sind dir sicher – sogar doppelt sicher, denn das Gewissen wird ihn plagen, weil er dich geschlagen hat. Er wird sich sehr bald mit einem feinen Leckerbissen entschuldigen und danach verliebter sein als je.

Muß ich noch über Sauberkeit reden – ich meine nicht das selbstverständliche persönliche Waschen, sondern Schweinereien im Haus? Ich sage nur eines: eine wohlerzogene Hauskatze platzt eher, als daß sie einen Teppich oder den Boden beschmutzt. Wenn du merkst, daß du dich übergeben mußt und im Haus eingeschlossen bist und niemand da, der dich hinausläßt, geh und erbrich im Badezimmer. Da gehen sie auch hin, und du kennst den Ort gut genug, um zu wissen, wo er ist und wozu er dient. Selbst wenn du nicht anders kannst, als den Badezimmerboden zu beschmutzen, bekommst du eine prima Note, weil du dir Mühe gegeben hast. Weil sie denken, du seiest wie sie, sagen sie: «Oh, die arme

Keine besonders gute Idee. Manche machen ein Riesengetue um ihre blöden Vögel

Pussy! Sie hat noch versucht, aufs Klo zu gehen.» Jeder Unfall auf Teppich oder Wohnzimmerboden hingegen weckt in den Leuten Vorstellungen in der Richtung, wie wohl das Leben ohne Haustier wäre, und das ist das letzte, was du

Manch strengt sich an und tut sein Bestes

willst, denn sie werden sich plötzlich daran erinnern, wieviel Freiheit sie hatten, bis du sie mit Beschlag belegtest – Freiheit von Sorge, von Verantwortung etc. Und ehe du dich's versiehst, bist du draußen.

Kapitel 17

Spiele und Freizeitbeschäftigungen

einschließlich Lesen am Kamin, Briefeschreiben und kleine Haushaltrepa-raturen

Das muß abgestellt werden ...

... und so macht man das

Du brauchst das Wörterbuch, aber ich will nicht, daß du es nimmst

Diese Art Beschäftigung ist ihnen gemäß, nicht dir, und du sollst sie nicht dulden (außer wenn du selbst etwas Besseres vorhast). Solche Dinge sollten deine Menschen nur tun dürfen, wenn du damit einverstanden bist. Entschieden und frühzeitig mußt du ein- für allemal klarlegen, daß ihnen keine dieser Tätigkeiten gestattet ist, wenn du gerade etwas von ihnen willst. Mit «Spielen» meine ich Zeitvertreibe wie Scrabble, Domino, Schach, Halma, Kartenspiele, Tischtennis, Federball und dergleichen.

Jede gut ausgebildete Hauskatze sollte es verstehen, so etwas im richtigen Moment zu unterbrechen. Es hat zum Beispiel keinen Sinn, ein Scrabble-Spiel gleich am Anfang zu stören. Sie werden dich bloß wegscheuchen und dich, wenn du nicht aufhörst, hinaussetzen oder in ein anderes Zimmer sperren. Du würdest nicht nur einen Mangel an Wissen zeigen, sondern auch, daß du von der Psychologie deiner Menschen nichts verstehst, was bei einer Hauskatze ein schwerer Fehler ist. Richtig ist es zu warten, bis das Brett mit einem komplizierten Wortgitter praktisch voll ist. Dann springst du aufs Brett mit dem sacharinsüßesten Prrrmiau, das du zustande bringst, verstreust die Buchstaben in alle Richtungen, setzest dich elegant und fängst dich zu waschen an.

Einen Augenblick lang werden sie fürchterlich zornig auf dich sein, aber du weißt ja, sie sind verrückt nach dir, sonst würden sie dir nie all das nachsehen, was du im Haushalt anstellst. Es wird ihnen viel zu mühsam sein, sich an die zusammengebauten Wörter und ihre Anordnung auf dem Brett zu erinnern. Es wird ihnen also leichter fallen, die ganze Sache aufzugeben und sich dir zu widmen oder irgend etwas anderes in Angriff zu nehmen.

Und so machst du es auch mit Backgammon, Schach, Eile mit Weile, Dame, kurz mit allem, was ein Spielbrett und bewegliche Figuren aufweist. Zerstreu die Figuren. Setz dich aufs Spielbrett. Pingpong ist natürlich fantastisch geeignet. Sobald der erste Ball zu Boden fällt, wirf dich drüber, pack ihn, schieb ihn von Pfote zu Pfote, dribble ihn, jongliere damit, renn damit. Augenblicklich liegt ihnen viel mehr daran, dir beim Spiel zuzuschauen, als selbst zu spielen. Dies ist übrigens auch ein ausgezeichneter und einfacher Weg, ihnen zu zeigen, wieviel Spaß du mit einem Pingpongball hast, und zu erwirken, daß sie dir einen für dich allein geben, den du dann bei deinen Spielsachen aufbewahrst.

Kartenspiele sind schwerer zu unterbrechen. Eine Ausnahme bilden Patiencen, wo du es nur mit einer Person zu tun hast, die sich langweilt und einsam fühlt, sonst würde sie ja nicht Patiencen legen, und damit hast du schon halb gewonnen. Wenn du siehst, daß sie die Karten schön ausgelegt hat, springst du auf den Tisch und setzt dich auf die Karten. Versucht sie dich wegzuschieben, schieb zurück, reib dich gegen ihre Hände, Arme oder Schultern und schnurre wie wild. Du wirst sehen, sie läßt das Spiel Spiel sein.

Bridge- oder Pokerspieler zu stören, ist sehr viel schwieriger und eigentlich nicht ratsam. Keine kluge Hauskatze versucht es, obschon es machbar ist. Es ist viel leichter, zwei Leute an einem ruhigen, erholsamen Abendspielchen zu hindern, als in einem Haus voll Gäste ein organisiertes Kartenspiel zu unterbrechen. Um alle Betätigungen zu stoppen und die Aufmerksamkeit auf dich zu ziehen, mußt du mehr Unterhaltung und mehr Neues bieten, als von den Karten zu haben wäre. Das heißt, du mußt so stark den Clown spielen, daß du an Würde verlierst, und das lohnt sich nicht.

Kümmere dich nicht um mich, lies nur weiter

 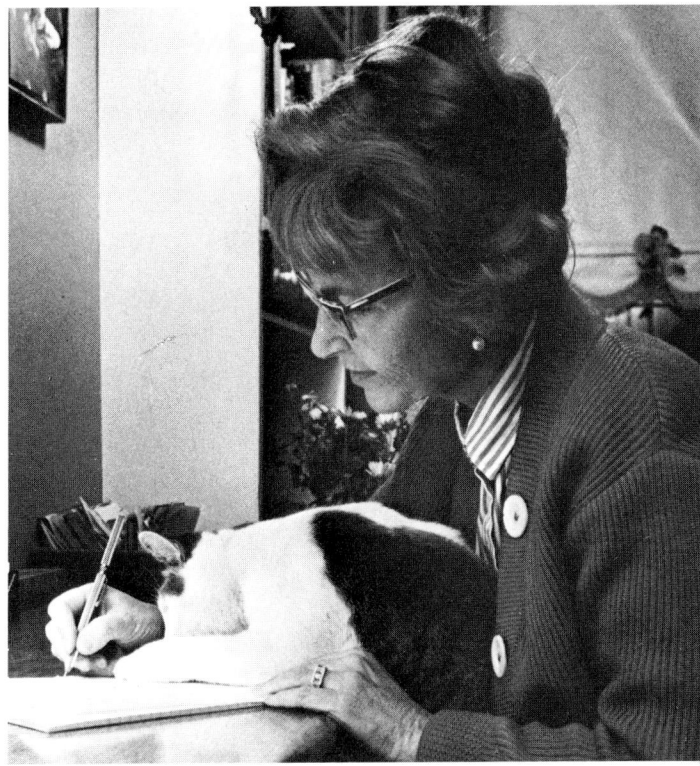

Hasch nach dem Bleistift   *. . . oder leg dich einfach aufs Schreibpapier*

Siehst du, wie dein Mensch sich am Kamin niederläßt für ein Lesestündchen, spring auf seinen Schoß, mach's dir bequem und leg die Pfoten quer übers Buch oder über die Zeitung. Das erschwert es ihm, die Seiten umzudrehen, und nach einer Weile gibt er's auf.

Briefeschreiben läßt sich noch leichter unterbrechen, denn im Grunde will kein Mensch Briefe schreiben. Du kannst hier eine direktere Technik anwenden, indem du auf den Tisch oder Schreibtisch steigst und dich aufs Schreibpapier legst. Fährt der Mensch trotzdem fort, kannst du mit der Pfote die Feder haschen, als wär's ein Spiel. Früher, als sie noch keine Füller und Kugelschreiber hatten, pflegten wir das Tintenfaß umzuwerfen, das wirkte immer, obschon sie oft ernstlich böse wurden, aber die Lektion des umgeworfenen Tintenfasses vergaßen sie nie wieder. Immerhin, wenn du beharrlich mit der Feder spielst, wird auch heutzutage der Briefeschreiber schließlich sagen: «Ach Pussy, was bist du lästig», aber er sagt es mit Erleichterung, denn jetzt kann er das Briefeschreiben ohne schlechtes Gewissen nochmals einen Tag aufschieben.

Beinah hätte ich eine weitere Störungsmöglichkeit vergessen, und die kann ein köstliches Vergnügen sein. Viele Leute benützen weder Feder noch Kugelschreiber, sondern ein Schreibmaschine genanntes Gerät, um Briefe zu schreiben oder sogar, um zu arbeiten. Wenn du das Glück hast, bei einem Schriftsteller zu wohnen, darfst du auf die amüsantesten Stunden zählen, wenn du seine Anstrengungen behinderst: er oder sie wird dir sehr dankbar sein, denn alle Schriftsteller, von denen ich je gehört habe, begrüßten freudig die durchsichtigste Ausrede dafür, um nicht zu schreiben. Und du kommst dabei zu einem wundervollen Spiel.

Das Prinzip der Schreibmaschine besteht, wie du schnell merken wirst, darin, daß der Schreiber auf eine Taste drückt und hierauf eine Stange mit einem Buchstaben drauf aus den Eingeweiden der Maschine emporsteigt und aufs Papier schlägt. Dein Spiel besteht darin, zu versuchen, ob du schnell genug reagieren kannst, um mit deiner Pfote den Buchstaben zu erwischen, ehe er das Papier erreicht hat. Es ist fabelhaft amüsant und eine tolle Turnübung und etwas vom Besten daran ist, daß du sogar spielen kannst, wenn der Schreiber nicht da ist, denn du kannst mit einer Pfote auf die Taste drücken und mit der andern die Stange fangen.

Zurück zum Schriftsteller, den du am Arbeiten hindern willst. Sobald er sich an die Maschine setzt, steigst du auf seinen Schoß und fängst mit dem Spiel an. Warte nie, bis er begonnen hat oder sich zu interessieren anfängt für das, was er tut, denn dann ist deine Aufgabe viel schwieriger, und vielleicht wirst du sogar demütigend in den Garten verbannt oder in die Küche gesperrt. Genau im Moment, da er sich vor die Maschine setzt, ist er am schwächsten und am leichtesten ablenkbar, denn es hat ihn schon eine ungeheure Anstrengung gekostet, soweit zu kommen, daß er sich an die Maschine setzt.

Kleine Haushaltreparaturen wie etwa Tapezieren oder Malen zu behindern, ist nicht nur nützlich, weil es deiner Familie die richtige Disziplin beibringt, es kann auch sehr lustig sein. Du kannst auf ihrem Werkzeug sitzen, Schachteln voll Nägel umwerfen, beharrlich mit Schnur- und Drahtenden spielen, die sie gerade brauchen, und wenn gar tapeziert wird, kannst du dich erst auf die Tapetenrolle legen und dann darunterkriechen und vorgeben, du seiest ein Gespenst, und wenn sie immer noch nicht aufhören und dich weiter nicht beachten, kannst du die Tapete zerfetzen, und das ist das Allerlustigste.

Von allen Hausarbeiten ist das Nähen am leichtesten zu unterbrechen. Irgendwann hat deine Familie ja mit dir das Schnurspiel gespielt, hat ein Stück Schnur vor dir baumeln lassen oder es über den Boden gezogen, und du hast mitgemacht.

Für heute ist Schluß mit Arbeiten

Nicht, um ihnen Freude zu bereiten, sondern weil es eine gute Übung für Auge und Reaktionen ist. Nun können sie aber nicht reklamieren, wenn sie Nadel und Faden hervorholen und die gleichen Bewegungen machen wie beim Schnurspiel, und du spielst plötzlich mit. Paß auf, die Nadeln sind spitz, halt dich an den Faden. Außerdem gibt auch der Nähkorb eine Menge her, wenn du ihn umwirfst: ein höchst befriedigender Wasserfall aus Garn, Spulen, Fingerhüten, Scheren etc.

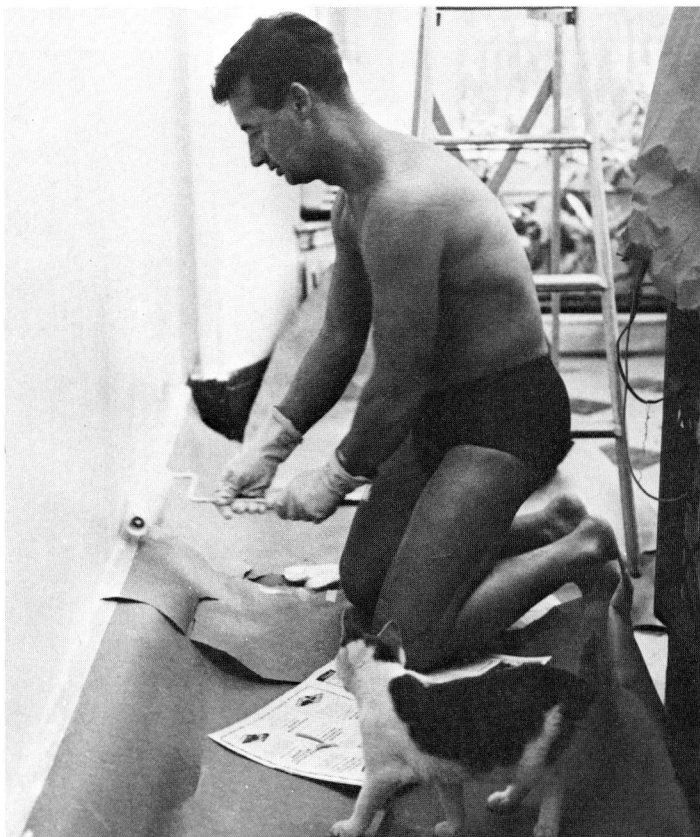

Nach einem Weilchen geben sie es auf

kommt heraus. Laß dich auf gar keinen Fall mit einer leeren Fadenspule abspeisen. Bestehe darauf, die Seiden- oder Garnspule zu benutzen, die sie gerade brauchen. Ähnliche Techniken lassen sich gegenüber stickenden, klöppelnden, teppichknüpfenden oder strickenden Leuten anwenden. Strickerinnen sind besonders anfällig mit ihren Wollknäueln. Wenn du geschickt bist, kannst du den Knäuel durch das ganze Zimmer hindurch, ja die Treppe hinunter bis zum unteren Stockwerk abwickeln, ehe sie etwas merken. Dann ist es mit Stricken für diesen Tag aus. Menschen haben noch viele andere Beschäftigungen, die ich hier nicht erwähne und denen du begegnen wirst. Wenn du die Grundtechnik in meinem Sinn

Schließlich geben sie ihr Spiel auf und

gemeistert hast, wirst du in jedem Fall etwas improvisieren können. Ich kenne eine Katze, die eines Abends zu ihrer Überraschung entdeckte, daß sie den Haushalt eines Markensammlers erobert hatte. Er legte sein Markenbuch aus, lose Marken, Klebpapiere, Wasserschale etc. Sie war eine ungewöhnlich gescheite Schülerin von mir und fand rasch heraus, daß sie hier alles Gelernte wunderschön anwenden konnte. Sie setzte sich aufs Album, fegte die losen Briefmarken weg, warf die Wasserschale um und wälzte sich in den Klebpapieren. Damit war dieses Hobby erledigt! Lob gebührt auch einer anderen Schülerin von mir, weil sie sich

spielen das deine. Hier eins meiner liebsten

sehr geschickt benahm, als ihre Frau ein Puzzlespiel zu machen versuchte. Sie war klug genug, mit dem Durcheinanderbringen zu warten, bis das Puzzle zu vier Fünfteln fertig war, und hatte zusätzlich die gute Idee, ein paar Teilchen fortzutragen und zu verstecken.

Was immer du tust – wenn du einmal angefangen hast, eine ihrer Tätigkeiten zu stören, sollst du niemals aufhören, ehe sie für diesen Tag aufgeben. So bilden sich bei ihnen die erwünschten Gewohnheiten, und sie werden schließlich lernen, dich um Erlaubnis zu fragen, bevor sie überhaupt etwas unternehmen.

Kapitel 18

Meine lebenstüchtigen Kinder

Obschon dieses Buch an sich den kleinen Kätzchen, den wilden, heimatlosen und jungen, gewidmet ist, richtet sich dieses Kapitel an reifere Katzen, die ein Heim gefunden haben und die vielleicht Junge erwarten oder erwarten werden. Du hast sicher bemerkt, daß ich in meinem Kapitel über Mutterschaft keine Ratschläge über das Aufziehen und Erziehen von Kleinen gegeben habe. Gibt es denn eine Katze, die solche Ratschläge braucht, der nicht schon der Instinkt sagt, wie sie ihren Nachwuchs richtig betreut? Glaub mir, wir machen das besser als die Menschen mit ihren Jungen; du hast das bestimmt bemerkt, wenn du je mit einem der widerlichen, schlechterzogenen und launischen Kinder zu tun hattest, die sie

Von mir hat es bestimmt nicht gelernt, sich an mein Essen zu machen

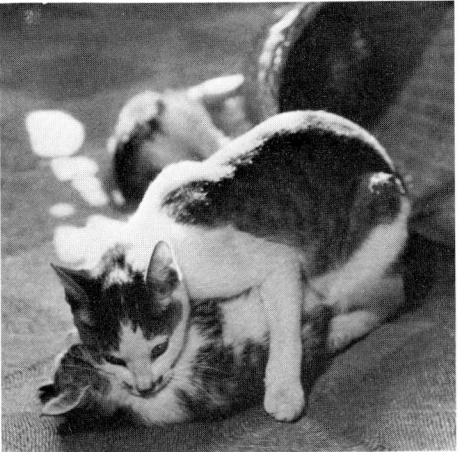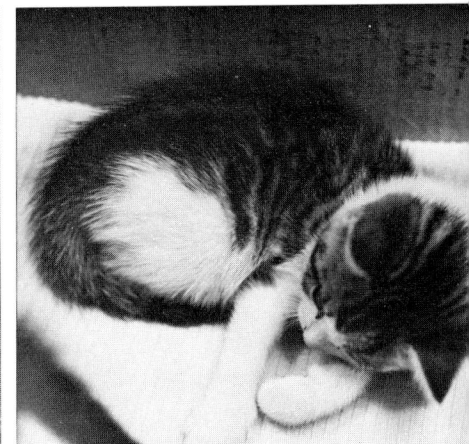

So ißt man richtig   *So spielt man richtig*   *An Betten schon gewöhnt*

Sie haben die Lektion über Haltungen gut gelernt

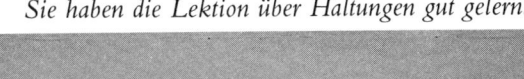

Eroberung bereits im Gange

Schau, wie das sich schön anschmiegt

Noch drei zum Loskriegen

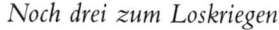

Ist das nicht ein prima Verführer?
Er hat sein Ziel erreicht

Noch zwei

Siehe meine Lektion über Reisen

Dieses wird keine Schwierigkeiten haben

Ich hab ihm beigebracht,
stillzuhalten, wenn es so gehalten wird ...

. . . und bequeme Schlafplätze auszusuchen

Das letzte – auch es versteht seine Sache

Das Kind ist noch ein bißchen klein, aber macht nichts, mein Kätzchen wird ihm alles Nötige beibringen

manchmal fertigbringen. Laßt uns unsere Kätzchen bis zur achten Woche, und wir machen unfehlbar aus ihnen Katzen, die zu kennen sich lohnt.

Aber wenn du dieses Buch sorgfältig gelesen hast, wird dir aufgegangen sein, daß es heutzutage nicht mehr genügt, eine gewöhnliche Bauern-, Feld- oder Hauskatze zu sein, und daß es auch nicht mehr genügt, den Jungen Stubenreinheit, gute Manieren und Selbständigkeit beizubringen. Heute ist der Wohnraum auf kleine Wohnungen, Bungalows, vorfabrizierte Häuser zusammengeschrumpft; Dienstmädchen gibt es keine mehr, und der Kampf um ein Heim und ein bequemes Leben ist für uns Katzen härter als je geworden. Deshalb müssen unsere Jungen von Kindheit an gelehrt werden, wie sie menschliche Wesen überlisten können. Und aus denselben Gründen wird es immer schwieriger, für eine Katze im Haus genug Raum zu finden, so daß man dir nicht wird erlauben können, deine Jungen zu behalten. Wenn du glaubst, für dich gebe es Ausnahmen, bist du blöd, und ich verschwende lieber keine Zeit an dich. Nein, deine Familie wird sie so schnell wie möglich loswerden wollen. An dir liegt es also, dafür zu sorgen, daß sie von allem Anfang an lernen, wie sie ihre zweibeinigen Freunde umgarnen und unterwerfen können – nebst den üblichen Tugenden, die wir natürlich unsere Jungen lehren. Wenn du guter Hoffnung bist, solltest du in deinem Interesse nochmals meine Kapitel über Haltungen, Sprache, Manieren und Fehler nachlesen. Das erste, was du deine Jungen lehren mußt, ist, mitleiderregend und hilflos dreinzuschauen. Das ist ein für sie besonders nützlicher Trick. Eine Katze meines Alters, die das versuchen wollte, würde höchstens lächerlich aussehen, aber ein Kätzchen, das es versteht, so richtig elend und verschreckt dreinzuschauen, wird häufig schon bei der ersten Besichtigung adoptiert.

Bring ihm das stumme Miau vor dem lauten bei, und alle Gesichtsausdrücke, die die Leute für menschlich halten. Ganz besonders wichtig ist es, daß deine Jungen lernen, Kinder blitzartig zu erobern. Kinder werden nämlich als Erste dazu eingeladen, die kleinen Kätzchen anzuschauen. Ich habe Kinder schon in meinem Kapitel über Menschenkunde erwähnt. Fast ebenso instinktiv, wie deine Jungen wissen werden, daß sie etwas Kleines, das sich bewegt, zu packen haben, müssen sie sich heutzutage auch klar darüber sein, daß kleine Jungen und Mädchen raffgierig, selbstsüchtig, aggressiv, rücksichtslos, anspruchsvoll, verfressen und eigensinnig sind. Außerdem wollen sie dauernd beachtet werden. Jedes Tier, das ihnen schmeichelt, sie ein bißchen beleckt oder sich an sie kuschelt, sich an ihnen reibt oder für sie schnurrt, hat damit das Spiel schon zu zwei Dritteln gewonnen. Das letzte Drittel ist geschafft, wenn das Kind dazu gebracht werden kann, seinen Kampfruf: «Ich will ...» zu erheben.

Denn die Eltern dieser kleinen Ungeheuer sind meist duldsam, blind, selbstzufrieden, nachgiebig, verwöhnerisch, schwach, milde, weich und an Kummer gewöhnt. Deine Menschenfamilie weiß das alles ganz genau, sonst würde sie nicht anderer Leute Kinder einladen, die jungen Kätzchen anzusehen. Und wenn die Familie klug genug ist, das zu wissen, solltest du es auch sein.

Mach dir keine Sorgen, wenn deine Jungen zuerst nicht alles verstehen, was du sie lehrst. Wenn du im richtigen Zeitpunkt beginnst, das heißt, sobald sie ihre Augen öffnen, verstehen sie gewiß zuerst wohl kaum etwas. Anfangs genügt es, wenn sie die Liste menschlicher Schwächen memorieren, die ihnen später im Leben so nützlich sein werden und die du und ich mühsam durch Erfahrung lernen mußten: ihre Selbstanbetung, Eitelkeit, ihre Ängste, ihre Unsicherheit, ihr Egoismus etc. etc. Die Liste ist natürlich viel zu lang, um mit einigen wenigen Lektionen bewältigt zu werden, aber in ein paar Wochen kann jedem Kätzchen beigebracht werden, wie diese Eigenschaften heißen, wie man sie erkennt und benutzt.

Selbstverständlich waren meine vier Jungen bereit und gründlich instruiert, als sie noch kaum recht laufen konnten. Ich bin stolz darauf, daß uns kein einziges von den vier Kindern entging, die sie anschauen kamen, als die Kleinen alt genug waren, ein eigenes Heim zu erwerben.

Mein Erstes unterjochte ein kleines Mädchen, indem es sich ganz schlaff von seinen Armen hängen ließ, wie eine Stoffpuppe – das war eins der ersten Dinge, die ich ihm beigebracht hatte. Nummer zwei, das weiße, das seinem Vater glich, machte ein älteres Mädchen völlig fertig, indem es seine Hand leckte, eine List, die in diesem Buch auch erwähnt ist und die du bestimmt schon gebraucht hast. Das Dritte nahm sich im ersten Anlauf ein anderes kleines Mädchen, einfach durch seine Haltungen. Dieses glich mir, und es fiel ihm deshalb durchaus leicht, süß, bezaubernd und unwiderstehlich auszusehen. Das Letzte hatte es geradezu beschämend einfach. Das Kind war noch so klein, daß es das Kätzchen für seinesgleichen hielt, und die Sache war gelaufen. Vier Anläufe, vier Treffer.

Irgendwie tat es mir natürlich leid, sie zu verlieren, aber irgendwie wieder nicht. Ich war so ungemein stolz auf sie und auf mich wegen der Ausbildung, die ich ihnen gegeben hatte.

Außerdem war ich von da an wieder Herrin in meinem eigenen Haus. Keine Jungen mehr, vielen Dank.

Und wer ist jetzt wieder die Hauptperson? Ich!

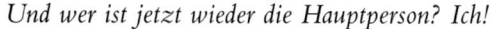

Sckjusswert

8vh hoff3, d7 hest sud d9esem B8vj 4twax le5nem jönn4n. Avsck184ssemf
mödh5e uck sllen j7nfen Köt7vhen xag3n, daxx

Anmerkung des Herausgebers
Obige Zeilen stehen auf der letzten Seite des Manuskripts und lauten im Klartext:

«Schlußwort

Ich hoffe, du hast aus diesem Buch etwas lernen können. Abschließend möchte
ich allen jungen Kätzchen sagen, daß ...»
Unseligerweise wird die Welt nie erfahren, was die Autorin allen jungen Kätzchen
zusammenfassend noch sagen wollte, denn die letzten Blätter fehlten, das letzte
Kapitel war nicht mehr vollständig. Ich kann mir nicht vorstellen, welche
weiteren Lehren noch zu erteilen waren, und falls es sich nur um einen zusammen-
fassenden Überblick über die Gattung Mensch aus der Sicht einer Katze handelte,
ist es vielleicht ganz gut, daß er verloren gegangen ist.
Als ich die Übertragung des Manuskripts beendet und den außergewöhnlichen
Charakter meines Fundes voll erfaßt hatte, zögerte ich lange, ehe ich es dem
Verleger zurückgab, ja es gab eine Zeit, da ich erwog, ob ich es zerstören sollte.
Denn große Teile davon müssen eine enttäuschende Enthüllung bedeuten für
Hunderttausende, vielleicht Millionen von Katzenbesitzern, die sich genau für das
halten – Katzenbesitzer. Pussy ist in zahllosen Haushalten ein etabliertes Mitglied
der Familie und als solches akzeptiert. Ihre Eigenheiten werden gutmütig und
verständnisvoll und – um ein Lieblingswort der Autorin zu brauchen – mit
Anthropomorphismus toleriert.
Aber im allgemeinen herrscht die Meinung vor, daß wir es sind, die Pussy ins
Haus aufgenommen und ihr gestattet haben, unser Leben zu teilen. Es muß ein
Schock sein zu erfahren, daß die ganze Geschichte ein umfassendes, kompliziert
aufgebautes und ausgetüfteltes Komplott ist, und zu realisieren, daß unser Mohr-
chen, das so rührend in seinem Sessel zusammengerollt schläft, uns diesen Sessel
systematisch abgeluchst hat, ja daß ihre freundliche Miene kühle Berechnungen
verbirgt, was sie uns sonst noch entlocken könnte.
Andererseits, dachte ich, würde die Enttäuschung vielleicht doch nicht allzu groß
sein.
Ich halte es für recht wahrscheinlich, daß die Mehrheit der Katzenfreunde tief
innen den leisen Verdacht hegt, daß sie von ihrer vierfüßigen Freundin erobert
worden sind und daß sie ihre Launen und Wünsche recht weitgehend in der
Familie durchgesetzt hat. So ist zu hoffen, daß die vorliegende Bestätigung dafür
höchstens den Sinn für Humor wachruft, ohne den niemand die Gesellschaft von

Katzen wirklich genießen kann, und nur die sanfte Tyrannei klarmacht, der die Leute sich bereits freiwillig unterworfen haben.

Mein Freund, der Verleger, auf dessen Türmatte das Manuskript gelegen hatte, ergriff es begierig, als ich ihm den Inhalt zusammenfassend erzählte und war ganz versessen darauf, es zu verlegen, nachdem er es durchgelesen hatte. Denn er ist ein Ailurophobe, ein Katzenhasser, und so war er sicher, daß dieser Text die Augen der Ailurophilen, der Katzenliebhaber, öffnen werde, so daß sie die Katzen endlich in ihrem wahren Licht sehen müßten.

«Das wird es ihnen besorgen, den verflixten kleinen Heuchlern», kicherte er, und ließ das Manuskript sofort an die Druckerei gehen – trotz meiner Warnung, es werde nicht die angestrebte Wirkung haben – im Gegenteil. Ausnahmslos würden alle Ailurophilen ihre Katzen um ihrer Schlauheit willen nur noch mehr lieben. Und schließlich gibt das Buch ja nur die Meinung einer einzigen Katze wieder. Außerdem, wenn man das Buch genau ansieht, was ist daran so schockierend oder enttäuschend? Mir scheint, es ist als Handbuch ebenso nützlich für Katzenhalter wie für «Kötzven», und es zeigt den kürzesten und leichtesten Weg zu einem glücklichen und friedlichen Leben mit seinem Hausgenossen, was doch schließlich der Zweck jeder Beziehung zwischen zwei Menschen oder zwischen Mensch und Tier ist.

Was Reibung erzeugt, ist Widerstand gegen Unvermeidliches. Ein Mann handelt wider die Wünsche seiner Frau, und die Funken sprühen, bis er gelernt hat, sich besser anzupassen. Hätte er als junger Mann ein Handbuch wie das vorliegende zur Verfügung gehabt, würde er sofort erkannt haben, daß das Weibchen seiner Wahl schlauer ist als er, und er hätte diesen Zustand von Anfang an mit der Toleranz und der Selbstbelächlung akzeptiert, die man von einem echten Katzenmenschen erwartet.

Dann ist da noch das merkwürdige und überraschende Kapitel über die Liebe der Menschen, beschrieben und gedeutet von einem Tier, das entweder freiwillig oder durch Gewöhnung lieber mit Menschen statt mit seinesgleichen lebt. Da ist ein Schrei reiner Not am Schluß: «Geh vorsichtig um mit der Liebe der Menschen, denn sie kann ärger schmerzen als Prügel.»

Wenn diese Worte das Gewissen derer aufschrecken, die mit Katzen gelebt und sie plötzlich einfach ausgesetzt oder sie aus Faulheit oder Bequemlichkeit irgendwo zurückgelassen haben, dann hat die unbekannte Autorin ihr Buch nicht umsonst geschrieben.

Und schließlich wird die menschliche Neigung dazu, der Wahrheit aus dem Weg zu gehen und nur das zu akzeptieren, was man glauben will, bestimmt sogar diese Enthüllungen überleben. Vor kurzem war mein Sambo, ein rauchgrauer Kater, zwei Tage und zwei Nächte abwesend. Als ich ihn die Straße heraufkommen sah, kam er aus einem Quartier, wo die Häuser viel größer und reicher sind als meines. Da ich das Handbuch von meiner Übertragungsarbeit her im Kopf hatte, faßte ich sofort Verdacht. War Sambo ein Doppelspieler? In welchem Haus des Villenviertels wurde er gefüttert, verwöhnt, als eigen angesehen? Scharfe Eifersucht durchstach mich. Sambo mich betrügen? Nicht mein Kater!

Ich hob ihn auf, kraulte ihn unter dem Kinn und fragte ihn, wo er gewesen sei. Er streckte eine Pfote in meinen Mund, rieb den Kopf gegen mein Gesicht und begann heftig zu schnurren. Es hatte keinen Wert, das Thema weiterzuverfolgen. Offensichtlich liebte er mich unendlich.

Paul Gallico

Anmerkung der Fotografin

Als Cica zum erstenmal am Fenster unseres Sommerhäuschens in Westhampton, Long Island, erschien – eine kleine verführerische Handvoll Kätzchen –, ahnten wir nichts von ihrem eisernen Entschluß, uns zu adoptieren. Zwei ewig herumreisende Fotografen können unmöglich eine Katze haben – sagten wir.

Cica war, bezaubernd und willensstark, bald daheim im Haus, aber ihre Eroberung dehnte sich auch auf das Auto aus, für das sie eine sonderbare Vorliebe hatte. Und natürlich bestand sie darauf, auf jeder Fotografie zu erscheinen, die wir schossen. Zum Glück erwies sie sich als wunderbares Fotomodell. Nichts erfrischt und befruchtet einen Berufsfotografen mehr als ein neues, anziehendes Modell – es bedeutet dauernde Inspiration für eine Arbeit, die gleichzeitig Freude ist. Und so nistete sich Cica bei uns ein. Was als Mitleid für ein armes, heimatloses Kätzchen und als lohnende fotografische Aufgabe begonnen hatte, wurde zu einer bereichernden Beziehung. Aber obwohl Cica ein so begabtes Modell ist, wäre dieses Buch ohne die Mitarbeit meines Mannes Ray Shorr nicht möglich gewesen. Er machte alle Aufnahmen, in denen ich zusammen mit Cica zu sehen bin. Zum ersten Mal in seinem Leben – und im Lichte dessen, was wir jetzt wissen, bestimmt unter Cicas bezauberndem Einfluß – entdeckte er, wie es war, Held einer Bildgeschichte zu sein. Ich glaube, er hat sich noch nicht davon erholt.

Wir glauben beide, daß Cica jetzt die berühmteste Katze der Welt wird. Uns beunruhigt nur eines: Wird der Erfolg Cica zu Kopf steigen?

Suzanne Szarz